東北の保育者たちに学び、備える

巨大地震が来る前にできること

野津 牧 編著

名古屋短期大学みんなに笑顔をとどけ隊・
名古屋短期大学保育科野津ゼミナール
震災と保育グループ 著

ひとなる書房

目　次

はじめに

　東日本大震災から月日も流れ、被災地の景色も変化しています。震災1か月後に被災地を訪問した時は、道路上の船を避けて通行していましたが、道路も少しずつ整備され、流失したコンビニや店舗もプレハブで再開し、やがて街らしく変わっていきました。それと共に、被災した人たちの生活も避難所から仮設住宅、そして復興公営住宅へと移っていきました。

　同時に東北以外では、少しずつ記憶も薄れてきたようです。各地の保育所を回り、避難訓練などの様子を伺っていると、とても東北の経験が生かされているとは思えない実態を見聞きします。南海トラフ巨大地震では、多くの地域で震度7の強い地震と大津波が想定されているのに、情報はテレビやラジオで確認するようにと指導している自治体、公立保育所に対して本課と連絡を取り合い対応するよう指示している自治体、震災の際には保護者へ引き渡すというマニュアルのもとで訓練している幼稚園などです。

　東北では、震度6弱以上の地震で多くの場所で停電し、テレビもラジオもつかなかったこと、電話連絡もできなかったこと、保護者へ子どもを引き渡したために多くの子どもや保護者が命を失ったことなどの貴重な体験が伝わっていないのです。

　南海トラフ巨大地震は必ず来ると言われていますし、首都直下地震も文部科学省地震調査研究推進本部地震調査委員会によると、南関東地域でM7クラスの地震が発生する確率は30年間で70パーセントと推定されています[1]。

　震災はいつ来るかわかりませんが、東日本大震災と同時代を生きる私たちは、大震災の経験から学び、教訓を語り継がなければならない使命があります。あまりにも多くの犠牲者を出したこと、一方、その中で多くの保育者が子どもたちを守ったことも忘れてはいけません。

　東北の保育者は、子どもの命を守ることこそが保育者の最大の使命であることを教えてくれました。お昼寝中の子どもたちを守るために、多くの保育者は子どもの上に覆いかぶさりました。避難中に津波に遭遇した保育者は、津波で流される人や家々を見せてはいけないと、手を広げて子どもたちの前に立ち、遮りました。

　筆者は、東日本大震災当時、名古屋短期大学保育科で教えていました。避難所生活の報道を見て、避難所で十分に遊ぶことができていない子どもたちのための保育ボランティアに入ることを決め、以後、退職するまでの6年間、延べ4か月以上、学生と共に被災地の子どもたちへの保育ボランティア活動をするために東北に通いました。

　被災地で出会った保育者のみなさんは、これから保育の現場に立つ学生たちに対して、涙を流しながら震災の体験を語ってくださり、子どもの命を守る大切さを伝えてくださいました。

　本書は、そうした活動を共にした筆者と学生の共同でつくったものです。

　第Ⅰ部第1章の宮城県に関する項は、名古屋短期大学保育科の学生で結成した震災保育ボランティア「みんなに笑顔をとどけ隊」の学生が聞き取り調査した内容を、福島県の項はボランティアグループのメンバーと野津ゼミナール震災と保育グループが合同で聞き取り調査した内容をまとめました。第3章では被災地に向き合った保育学生の取り組みと彼女たちの苦悩と成長も紹介させていただきました。

　また、第Ⅱ部第1章で紹介する弥富市の取り組みは、震災と保育グループが聞き取り調査した内容をもとにまとめました。

　本書が、南海トラフ巨大地震などこれから発生するであろう震災に対して、どのように備えていけばよいのかについて考えていくきっかけになれば幸いです。

2018年7月

編著者　野津　牧

第Ⅰ部

東北の被災地から学ぶ

保育ボランティアに入る学生

第1章

東北の保育者はどのように震災に立ち向かったか

1　東日本大震災とはどのような地震だったのか

● 初めての大津波警報

　東日本大震災は、2011年3月11日14時46分、宮城県牡鹿半島沖の東南東約130キロメートル付近の深さ約24キロメートルを震源として発生しました。プレート境界型の地震で、震源域は岩手県沖から茨城県沖にかけての幅約200キロメートル、長さ約500キロメートルの広範囲にわたりました。

　マグニチュードは9.0で、最大震度は宮城県北部の7でした。東北3県の多くは震度6弱から6強を記録し、本震は東北3県の多くの場所で3分以上続きました。

　東北地方は、震災前に宮城県沖地震が来ると言われていました。そして、昔から地震や津波被害を経験している地域であるため、地震に対する心構えは、他の地域よりもはるかにできていました。

　それでも、震災を経験した保育者のみなさんに当時の様子を聞くと、「大津波警報という言葉を聞いたのは初めてでした」「『10メートルの津波』という放送があった時もただ事ではないことはわかりましたが、まったく実感がわきませんでした」などという声が聞かれました。

　宮城県石巻市のなかよし保育園の大橋巳津子園長（当時）は、「宮城県

沖地震が来ると言われていましたので、寝るときは枕元にスリッパと懐中電灯を置いて寝ていました。それでも、まさかあんなに大きな被害が出るとは想像もできませんでした」と証言しています。

　総務省消防庁の発表では、人的被害（2017年3月1日現在）は死者19,533人、行方不明者2,585人、計22,118人となっています。特に被害の大きかった県は、宮城県の死者10,556人、行方不明者1,234人、岩手県の死者5,134人、行方不明者1,122人、福島県の死者3,730人、行方不明者225人です[2]。

　このうち高齢者の割合は、内閣府の発表では、2012年3月11日現在、全体の56.35％を占めています。高齢者の死亡、行方不明者が多い要因としては、東北地方、特に沿岸部の高齢化率が高かったこと、津波による溺死が全体の90％を占めており津波により多くの高齢者が逃げ遅れたことが考えられます。

● 子どもの被害

　内閣府の2011年度「防災白書」から、阪神淡路大震災と、東日本大震災における岩手県、宮城県、福島県三県の子どもの死亡者数を比較してみます[3]。

表1−1　阪神淡路大震災と東日本大震災における子どもの死亡者数を比較

	阪神淡路大震災		東日本大震災	
	死亡者数	全体に占める割合	死亡者数	全体に占める割合
0歳から9歳	252人	3.9%	391人	3.0%
10歳から19歳	317人	5.0%	336人	2.6%
0歳から19歳 計	569人	8.9%	727人	5.5%
全体の死亡者数	6,402人	100.0%	13,135人	100.0%

　阪神淡路大震災は1995年1月17日の5時46分に発生した直下型地震です。子どもたちが寝静まっている時間帯ということで、未成年者の占める割合は8.9パーセントと高くなっています。一方で、東日本大震災は学校

管理下の時間帯ということもあり、特に10歳から19歳の死亡者の割合が2.6パーセントと低くなっています。

　どちらの震災も多くの子どもが犠牲となりましたが、保育所、学校の震災対応をしっかり確立すれば、日中に発生する震災の被害は極力減らすことができるのではないでしょうか。

　なお、東日本大震災で両親共に死亡または行方不明となった震災孤児と両親のどちらかが死亡または行方不明の子どもである震災遺児は、合わせて1,500人を超えました。

◉ 保育中に被害に遭った子ども

　多くの保育所は、3歳未満児はお昼寝中かお昼寝が終わったところでした。被災した保育施設中、1保育所と2幼稚園で保育時間中の子どもが犠牲となりましたが、他の保育施設では保育時間中の子どもを守り通しました。ただし、迎えに来た保護者に引き渡した後で犠牲になった子どもたちがいたことは忘れてはいけない事実です。

　河北新報によると、保育中以外での死亡、行方不明の園児は111人で地震後、保護者が連れ帰った後に津波に遭ったり、休みで自宅にいたりしたケースでした。

　なお、職員の死者・不明者は、岩手県2人、宮城県4人と報じられました[4]。

　子どもの犠牲者を出した保育所と幼稚園の例を見ていきます。

　宮城県山元町の町立東保育園は、仙台平野の南側にあり、海からの距離は約2キロメートルの場所にありました。津波が押し寄せる時点で保育所には所長を含む職員14人と子ども13人が残っていました。津波が保育園に迫ってから職員らが子どもを連れて逃げ始め、職員や保護者の車9台に分乗しましたが、後発の6台が津波にのまれ、6歳の男児と女児、それに2歳の男児の計3人が逃げられず死亡しました。

　事前に保育士が町役場に出向き確認したところ、保育園で待機するよう

指示があったこと、子どもの避難を優先させなかったことなどから、２遺族が山元町に対して民事訴訟を起こし、仙台高等裁判所の勧告により和解が成立しました。

　宮城県山元町の私立ふじ幼稚園も東保育園の近くにありました。地震後、順次自宅に送迎しており、津波が到達した時点では、園児41人が送迎バス２台に乗り園庭にいたところを津波に襲われ、バスは２台とも流され、園児８人と職員１人が死亡しました。

　園は、地震や火災の避難訓練を年３、４回は行っていましたが、津波の避難訓練は一度もしたことがありませんでした。

　石巻市の私立日和幼稚園は、津波の被害の大きかった石巻市南浜町、門脇町そばの日和山の中腹にありました。地震直後に子どもたちは園庭に避難しましたが、園長の自宅に戻すとの判断から、２台の送迎バスを出し、その内の１台は海沿いの近くに降ろしました。バスは津波の被害に遭い、園児５名と添乗員１名が犠牲になりました。

　園の避難マニュアルでは、震災時は保護者に迎えに来てもらうことになっていましたが、マニュアルは職員に知らされていませんでした。亡くなった４人の子どもの保護者が園に対して民事訴訟を起こし、仙台高等裁判所の控訴審において和解が成立しました。

　園側は6,000万円の賠償と共に、「第１項　幼稚園側は法的責任を認め、被災園児らと遺族側を含む家族に心から謝罪する。第２項　幼稚園側は、幼い子どもを預かる幼稚園や保育所などの施設で自然災害が発生した際、子どもの生命や安全を守るためには、防災マニュアルの充実と周知徹底、避難訓練の実施や職員の防災意識の向上など、日ごろからの防災体制の構築が極めて重要であることと、日和幼稚園では津波に対する防災体制が十分でなかったことを認める」としました。

● 保育施設の被害

　被災した保育所は、厚生労働省の発表によると、岩手県・宮城県・福島

県の３県で1,613か所、うち全・半壊は岩手県18、宮城県53、福島県13か所の84施設となっています（2012年４月１日現在）。津波による園舎の流出、損壊が多かったのが特徴です。

　また、文部科学省の発表によると、被災幼稚園は、全体で941か所です。他に、小学校が3,269か所、中学校が1,700か所、中等教育学校が７か所、特別支援学校が186か所となっています（2012年９月14日現在）。

2　宮城の保育者はどのように子どもたちを守ったか

　東日本大震災は保育時間中に発生しましたが、その揺れはどのようなものだったのでしょうか。そして、東北の保育者は子どもたちをどのように守ったのでしょうか。

● 出前保育で避難所を回る――女川町立保育所の保育士

　宮城県女川町は、震度６弱の地震が襲い、最大津波高14.8メートル、最大津波遡上高34.7メートルが記録されました[5]。

　高台にある女川町立病院（現・女川町地域医療センター）から津波を目撃した人に聞いたところ、「大きな揺れの後、女川湾の海底が見えるほど潮が引き、黒い津波が壁のように押し寄せてきました」と語っていました。病院は１階部分まで津波が到達し、駐車場の車も流されました。

　女川町の震災当時の人口10,014人（2011年３月11日現在）のうち、震災による死者574人（2015年３月１日）という犠牲者を出しました。

　女川町内には、第一、第二、第四、出島の４つの公立保育所がありましたが、このうち第二保育所が津波により流失し、出島保育所も使用不能となりました。現在は、第一保育所と第四保育所が残っています。

　「はじめに」で書いたように、2011年の震災の年から2017年春にかけ

被災した女川町（2011年9月撮影）

　て、名古屋短期大学保育科の学生で結成した震災保育ボランティア「みんなに笑顔をとどけ隊」（以下、とどけ隊とする）と同野津ゼミナールの学生たちは、宮城県と福島県の保育者のみなさんに聞き取り調査をしました。保育者のみなさんは学生たちに、当時の様子を鮮明に語ってくださいました。以下はそうした語りをまとめたものです。時間の経過と共に状況は変化していますが、当時の状況を知っていただくために紹介します。

揺れで子どもたちがすべっていく──出島保育所

　出島保育所は、女川町の沖合の出島にあり、震災前は保育所、小学校、中学校がありましたが、震災後はいずれも閉鎖になりました。

　出島保育所は、教室とホールが一緒になっていましたが、大きな揺れと共に棚にある物が落ちてきました。子どもたちは机の下に入りましたが、保育士が机を押さえても、激しい横揺れの中で子どもが横にすべっていきました。

　大きな揺れが収まると、断続して余震が続く中、園庭に出し、すぐに避難

場所である神社より上の高台に避難しました。

保育所のすぐ近くまで津波が来る──第一・第四保育所

　第一保育所は、女川港からそれほど離れていませんが、高台の中腹にあるため、津波の被害には遭いませんでした。最初の地震で、園庭に地割れが走りました。地割れがある中で園庭に子どもたちを出すという判断をするのも勇気がいることですが、園庭避難の指示を出しました。園庭の中央に子どもたちを避難させ、寒かったので子どもたちの上に、午睡用布団とブルーシートをかぶせました。

　地震が発生した時刻が午睡中ということもあり、子どもたちはパジャマ姿のままで外に出て、後から保育士がクラスにジャンパーを取りに戻り、園庭に避難している子どものパジャマの上から着せました。

　その後、保育所のすぐ近くの道路まで津波が来ているという情報が入り、山の上の方に避難して、全員、無事に避難することができました。

　第一保育所は、地域の避難所として使われました。保育士たちは、公務員として避難所の運営に携わるとともに、3月21日から避難してきた子どもたちを対象に、避難所内で交代で保育を始めました。

　第四保育所も津波の被害には遭いませんでした。指定避難所の小学校の前の道路は津波により通れないので、高台に避難しました。

　その後は、4か所あった保育所は2か所なくなり、1か所は避難所になり、残った第四保育所で6月に保育を再開しました。避難所から保育所に通う子どもも多かったので、震災前の給食はおかずのみでご飯は自宅から持ってきていましたが、震災後はご飯も保育所で用意しました。

津波想定区域の第二保育所

　第二保育所は、女川港から300メートルほどの距離にあり、津波想定区域に指定されていました。園庭に避難しましたが、まわりは瓦が落ちてきたり、地割れが起きていたり、電線が切れてぶらぶらになっていました。すぐに、役場に行っていて不在だった所長が戻って来て、第一避難場所になって

いる第二小学校（現・女川小学校）に逃げました。３歳以上の子どもは、保育士の指示に従ってついて来て、３歳未満児は所長や調理員の力を借りて、おんぶをしたり、両手をつないだりして小学校の校庭まで逃げました。

　しばらくすると、「津波が来たぞ。上に逃げろ」という声が聞こえたため、みんなで一斉に小学校の上にある総合運動場に逃げました。逃げながら海側を見ると、家の屋根は津波ですべて隠れ、ゴーッという音がして家が流れていくのが見えました。みんなあわてて逃げていき、子どもたちを駆り立てながら逃げました。そこでは、みぞれが降ってきたのでブルーシートを借りて屋根を作り、持ち出した毛布をかけて、少しでも暖が取れるようにしました。その後、陸上競技場の建物に入りました。何度も余震があり、そのたびに建物の外に出ました。

　夜になってようやく総合体育館の中に入れるということになり、移動しました。

避難所の生活──ペットシートで排尿

　第二保育所の子どもたちが避難した総合体育館の中は、女川町内の色々なところから避難して来た人たちがたくさんいました。第二保育所の子どもたち27人と保育士は小体育館に入りました。

　段ボールを敷き、毛布を掛けて子どもたちが少しでも暖が取れるようにしました。夜中でもバタバタバタと足音をさせて出ていく人がいたり、とても長い夜でした。

　体育館は、陸の孤島のような状態でした。トイレも１つのスペースに、区切りや衝立もなく簡易トイレが並んでいて、暗がりの中、手探りでトイレに行きました。そんなトイレですから、トイレに行きたいと言い出さなかった子どももいて、おもらしをする子どももいました。洗うことができず、替えもないため困りましたが、子ども連れで避難していた方が貴重な紙おむつを一つくださり、それをはかせ、その上に黒いビニール袋をズボンのように結んではかせている状態でした。次の日、職員が水が引いたがれきの中を歩いて第一保育所まで行き、着替えや紙おむつをもらってきて、何とか対応でき

ました。

　女川町役場には備蓄がありましたが、役場は流されてしまいました。総合体育館には備蓄がなかったため、なかなか食べ物を口にすることができませんでした。湯飲み茶わんの水を一口ずつ回し飲みしました。1歳児も2歳児も、隣の子どもの飲み終えるのを待って、一口飲んで次の子どもへと渡していました。どの子ものどが渇いていたはずですが、誰一人としてがぶ飲みする子はいませんでした。子どもたちは、本当にすごかったです。

第一保育所への避難

　2日間、第二保育所の保育士と子どもたちは小体育館で生活しました。3日目の夕方、町はがれきだらけでしたが、子どもたちは車で、保育士は歩いて第一保育所に移りました。

　第一保育所は、高台にあったため被害を免れ、地域の避難所になっていました。子どもたちも生活しやすいだろうということで、その時残っていた第二保育所の子ども5人と保育士も第一保育所に移ることになったのです。そして、何とか食事も出るようになりました。

　子どもの迎えは、「今日は〇〇ちゃんのお迎えが来ました」「今日は〇〇ちゃんです」という状況で、少しずつ保護者の方が迎えに来ました。避難所の対応をしていたお母さんや消防団員のお父さん、そして最後に、青森に仕事で出かけていたお父さんと連絡が取れ、子ども全員を引き渡しました。

　その後、第二保育所を探しましたが、土台の基礎を残して建物は流失していました。

出前保育の開始

　第二保育所の職員も第一保育所勤務になって、その中で始めたのが出前保育です。

　第一保育所は避難所となったため、保育所がなかなか再開できません。第一保育所の避難所に避難した子どもたちには、避難所運営の間に保育士として遊びを提供できますが、他の避難所に避難している子どもたちは保育所に

行けないということで、遊ぶ機会も少ないはずです。

　他の避難所の子どもたちの安否確認の目的もあり、出前保育というのを計画し、4月に入りビラを作り宣伝しました。

　どの避難所に何人くらいの子どもがいるかを調査し、保育士をグループ分けし、地域を曜日ごとに決め、何曜日には誰がどの集会所や体育館を回るとかを決めて派遣することにして、紙芝居や折り紙などのセットを作って回りました。

　第一保育所は8月まで避難所だったので、避難所の対応をするグループと出前保育をするグループに分かれながら続けました。

津波遊び

　子どもたちの中には、まともに津波の光景を見た子どももいましたし、家族を亡くした子どももいました。2歳の子どもの一人は、お母さんと家にいる時に津波が来て、お母さんがだっこして山に逃げた時、子どもはだっこされて津波の様子を全部見ていますので、保育所に来た時に津波の話がいっぱい出てきました。

　とにかく子どもたちと何かしていると、子どもたちから「津波」の言葉が出てきました。積み木遊びをしていても、子どもたちは、「はい、地震が来ました。津波が来ました。壊れました。ジャー」と言って組み立てた積み木を崩して遊びます。津波ごっこです。「そんなこと言ってはダメ」と否定するのではなく、「怖かったよね。大丈夫だよ」と対応するようにしました。

　女川町の保育士さんたちは、津波ごっこについて心理カウンセラーから対応の仕方を学んでいたので、スムーズにできたようです。幼い子どもたちの間にも、津波は大きな心の傷になっていたのです。

● 1.8キロを子どもたちと避難──石巻市立門脇保育所

　宮城県石巻市の門脇保育所は、今回の震災で最も多くの犠牲者を出した地域の一つである石巻市門脇地区にある公立保育所でした。門脇保育所は海から400メートルほどの場所にありました[6]。

　所長は千葉幸子さんで、60名定員で当時は66人が通っていました。延長保育を行っていた関係で他の保育所よりも職員が2人多く職員数は19人でした。

指定避難所以外に避難

　震災時は大きな揺れが3回、長時間続きました。その時、子どもたちは午睡中でした。

　ものすごい大きなサイレン音と共に「大津波警報」「大津波警報」という声が聞こえてきました。今まで津波警報が出ても数十センチくらいだったので、「6メートルの津波です」「10メートルの津波です」と言われても「本当に来るのかな？」と思いました。

　門脇保育所の指定避難所は日和山のふもとの門脇小学校でしたが、揺れが尋常ではなかったので、門脇小学校は崖崩れがあると危険だと判断し、指定避難所になっていなかった日和山の中腹にある市立石巻保育所に逃げることに決めました。

　当時、大きな地震の時は保護者に引き渡すことになっていたため、「〇〇くんのおじいさんが迎えに来ました」と保育士が報告に来るたびに、緊急連絡カードに記入しました。15時15分で最後の記入が終わっているので、その時刻が避難の開始と思われます。

　第1班の職員と子どもたちが石巻保育所を目指して出かけました。

　門脇保育所から日和山のふもとまでは平坦ですが、保育所から近い場所の登り道はかなり急な階段になっているため、遠回りして日本製紙の工場近くの坂道から登りました。階段ほどではないもののすごい坂になっていて、乳

被災した門脇保育所の跡地

児は保育士がおんぶし、小さな子どもを避難車2台に乗せて登って行きました。石巻保育所までは、距離にして1.8キロあり、避難には35分ほどかかりました。

　私は、最後の子が所内にいないかを確認して、門脇小学校の前を通って逃げました。

　調理員の2人は、荷物を積み込み、最後に車で避難しましたが、車は津波に流されました。車のガラスが割れて抜け出し、2人で励まし合いながらいろんな物につかまり流されていたところを救助され、翌日、先生たちと無事を確認し合いました。

避難所での生活

　日和山の海側の南浜地区と門脇地区は、津波到達後、あちこちで火災が発生しました。津波火災です。火災により、石巻保育所も危ないということで、石巻保育所の子どもたちと一緒に布団などを持って、石巻高校に避難し

ました。

　子どもたちは誰1人泣かず、石巻保育所から持ってきたわずかな食料と布団で、1人ビスケット1個ずつ分けました。ジュースは1人1本も飲めなくて100ＣＣくらいに分けて飲み、暗くなったら子どもたちは疲れて寝てしまいました。

　その日の夜の火事はものすごい勢いで石巻高校も危ないと言われましたが、子どもたちも寝てしまっていましたし、高校の先生たちは、「風向きが変わったので大丈夫だ」と言ってくれたので、その日は石巻高校で寝ました。

　0歳児の迎えは、石巻高校に避難した時にお母さんが来てくれました。避難所で宿泊した子どもは13人、親子で避難していた子どももいたのでプラス5人から6人、職員は津波に流された調理員と休みだった保育士の2人を除いて15人、石巻保育所の子どもたちと職員も同じくらいいました。

　翌日、近くのケーキ屋さんが、「もう売れないから、保育所のお子さんたちに食べさせてください」と、デコレーションケーキを2つ寄付していただいたので、石巻保育所と門脇保育所で一つずつ分けて食べました。

　子どもたちの真ん中にケーキを置いて、1歳児でも一口食べると次の子に回して、また次の子が一口食べると次の子に回して食べました。がばっと食べる子がいなくて、何回も回して食べました。

　水もなかったので紙コップに入った水をコクンと一口飲んで次に回し飲みして、のどが渇いていてもごくごく飲む子はいませんでした。

　最後の子どもを保護者が迎えに来たのは、5日目でした。

　地震があった直後はメールや電話が通じましたが、すぐにメールも電話も通じなくなって、私たちは緊急連絡票の住所を頼りに、歩いて先に帰宅した子どもたちを探しました。

　そのうちに石巻高校の一室を「保育所の先生たちで使ってください」と言われて、ここで県外などから支援に来てくれた人と一緒に生活しました。

　夜中でも支援物資を積んだヘリコプターとか自衛隊の車が来ると、起き上がってみんなで荷物を入れる部屋にバケツリレーのように運びました。

　バナナが山のように届いた時も、800人くらいの人たちにわたるかどう

か、何本ずつわたるかなど把握しなければならないので数えたりしました。

　また、柴田滋紀さん（後述）が避難所の子どもたちに遊びの場を開きたいということで、門脇保育所の保育士も協力して、紙芝居とか折り紙や包装紙を使って、子どもたちに遊びを提供しました。

　女川の保育士さんと同様に、千葉所長も「子どもたちはすごい」と語りました。保育士さんたちは、「私たちはやっぱり保育士だよね。保育している時が一番」ということで、避難所の活動をしながら、「早く保育所、始まんないかな」と言っていました。

　食料が少ない中で、保育士さんたちは食べることに罪の意識を感じたのですが、避難している人から、「他の人は寝ていても食べ物をもらえるが、先生たちが一人倒れたら300人の人が困るんだよ」と言われ、食べるようにしたそうです。

● 床上浸水した5日間──石巻市・なかよし保育園

　宮城県石巻市中里にある私立なかよし保育園は、共同保育所運動からできた保育所で、石巻市では最初に開設された私立の認可保育所です[7]。

　当時の園長は大橋巳津子（現・釜保育所長）さんで、震災の年から私たちのとどけ隊メンバーの宿泊や活動場所の提供をしていただいていました。

　とどけ隊は、被災地を訪問したことがない学生を対象に被災地ツアーを2回企画しました。その時、大橋巳津子さんに震災時の保育園の対応などについて語っていただいた内容をまとめました。

子どもに覆いかぶさり守る

　震災当時、なかよし保育園は66人の子どもが通っていました。職員は20名です。2011年3月11日14時46分、立っていられなかった大きな揺れが長く続きました。

　この時間は、午睡中でした。0歳、1歳の子どもは揺れのことはわかって

おらず、先生たちは子どもたちに覆いかぶさりました。

　3歳児と4歳児は寝ていたので落ち着いていました。ただ長かったので、目覚めた子が、不安を覚えました。立とうと思っても立てなかったので、「大丈夫だよ。大丈夫だよ」と、保育士は声をかけました。

　5歳児は、折り紙を折る活動中だったので、怖がって泣いている子もいました。担任はそばにあったジャンパーを頭にかぶせ、机の下へもぐりこませました。

　天井がゆっさゆっさとものすごく揺れたので、外に出なければいけないかと思いましたが、地面が裂けたり閉じたりしていたので、外に出るのは断念しました。

　棚の中の物は落ちてきました。一番ひどかったのが事務室で、机の脚が折れました。大事な書類が床に落ち、その後、水に浸かったので大変でした。

　大地震の時は、ライフラインがすぐ止まります。なかよし保育園も、電気、水道、ガス、電話、携帯電話も使えなくなりました。

　保護者が、次々に迎えに来ました。保護者に引き渡していましたが、えらくのんびりしていました[8]。

　寒い日でした。門脇小学校の方角の空がピンク色になり、「火事になった」という話が伝わってきました。道路を見ると黒い水でおおわれ始めました。

2階の子育て支援センターに避難

　午後5時10分の段階で保護者が迎えに来られなかった子どもが5人いました。

　地域の人たちは、中里小学校にぞろぞろと避難していましたが、小さな子たちが知らない人たちの中で一緒に体育館の中で過ごせないし、トイレの衛生管理も悪いと思いました。

　余震もたくさんありましたが、同じような大きな地震が来ても建物は耐震構造で大丈夫だし、水が来ても2階があるから避難させることができると思い、中里小学校には避難しないと決めました。

　子どもたちに不安な思いはさせないということを第一に考えました。

　水が園庭にも上がってきました。休みの職員が駆けつけてくれ、車のカーナビのテレビ映像で太平洋岸が津波で大変なことになっていること、大津波警報が出ていることを教えてくれました。

　しかし、その情報は、自分たちの園に結びつけて考えられませんでした。そのうちに、すっかり水浸しになっていきました。油の浮いた真黒な水で、いやな匂いがしました。

　子どもたちを一つの部屋に集めて、非常食の夕食を食べました。地域の方も避難してきたので受け入れました。暖房は、石油ストーブが活躍してくれました。灯りは懐中電灯とろうそくを使いました。その後、余震が続いたので、ろうそくは消しました。水かさが増してきたので、地域の人も含めて2階の子育て支援センターに移動しました。

　その頃になると、本当に真っ暗闇になりました。昼寝用の布団や児童票など大事な物を2階に運びました。床上30センチまで水が来ました。

　心強かったのは、中里小学校に人のいる気配がして、ここだけではないと思いました。翌朝、救助用ヘリコプターが飛んでいました。ヘリコプターで人がつり上げられたり、ご老人など大変な人からボートで避難していきました。ヘリコプターがいることはものすごく安心で、大きな紙に「なかよし保育園　大人何人　子ども何人」と書いて、ヘリコプターの人に見せました。

　翌日、園児のお父さんが胴長を履いて胸まで水に浸かりながらお迎えに来ました。その子は小さいビニールプールに乗せられ、再びお父さんは冷たい水の中を歩いて避難場所へと向かいました。

　2日後の日曜日の午後3時前くらいに、最終の子どもの迎えが舟に乗って来ました。子どもたち全員を無事保護者にお返しすることができ、ホッとしました。

　職員も家族のことが心配なため、私と主任が園に残り、先生たちは舟に乗って帰りました。

　4日目から水が引き、外に出歩けるようになったので、市役所に被害の状況を伝えに行きました。

　子どもが帰った後、子どもたちの安否確認を先生たちの携帯電話を使って

行いました。電話が通じない家庭には、自宅に行って確認しました。

　安否確認だけでなく、現在住んでいる場所も聞きました。自宅に住んでいる人はあまりいませんでした。食べ物がなかったので、食べ物についても聞きました。職場についても聞きましたが、撤退していく会社や廃業する会社もいっぱいあったので、職場を失ったお父さん、お母さんも結構いました。

　保育に欠けるお子さんを預かるのが保育所なので、保育の希望があるのかどうかも聞きました。保育園の2階に保育園の先生たちがいるということで、ときどき親子で遊びに来てくれました。

　保護者の方と現在住んでいる様子などの話をして、子どもはここで楽しく遊びました。ふだんは大きな声を出す子どもたちですが、避難所などでは気を使っていました。保育園では遠慮はいらないんだということがわかって、発散していました。

　私たちは、本当に早く保育園を再開したいと思いました。

保育園再開の取り組み

　再開までに、まず建物を建ててくれた建築業者さんが来て、検査をしてくれました。上下水道が心配だったけれど、大丈夫だと言われました。ボランティアの方に来ていただき、水に浸かった畳などを片付けていただきました。

　3月31日に卒園式をすることにしましたが、卒園証書の確保に奔走し、花も欲しいということですが、売っているところがありませんし、売っていても菊の花です。つてを頼って、ささやかながら花を飾ることができました。

　卒園式には、ほとんど全員が集まってくれて、久しぶりに顔を合わせることができました。

　保育園の再開には、ライフラインの復旧が一番大きな問題でした。

　電気は、3月20日に復旧しました。明るさが戻りました。しかし、床上30センチまで水に浸かった時にコンセントに海水が入ったので、電灯しか使えませんでした。

　水道が3月26日に復旧して水が出るようになってから、先生たちは掃除を頑張りました。素手では触らないようにして、マスクをして手袋をはめて

漂白剤入りの水で掃除をしました。お風呂にも入れませんでした。

　4月1日から通常通りの保育を再開しました。4月になっても電話が通じなかったので、先生たちの携帯で連絡を取りました。

　ガスは4月末に復旧して、5月の連休明けから給食を再開しました。それまでは、おひるご飯とおやつは自宅から持って来てもらいました。

　食材の調達もできませんでした。店が水に浸かったのです。

子どもたちの様子──「津波ごっこ」

　保育を再開してからの子どもたちの様子ですが、揺れと音に非常に敏感に反応するようになりました。余震のたびに泣いたり、おびえたりしました。

　「先生たちがいるから大丈夫だよ」ということを、繰り返し伝えました。

　また、津波ごっこをするようになりました。急に、「津波が来ました。高いところに逃げてください」と誰かが言うと、いろんな遊びをしている子どもたちが「はーい」と言って高いところに走って行きます。そして、また普通に遊びを始めます。

　しばらくすると別の子がやりだして、子どもたちは遊びを止めて付き合っていました。先生たちは、やりたいようにやらせました。

　先生たちは、「地震も津波も終わったんだよね。高いところに上がったから大丈夫だったよね」と言って、笑いながらお付き合いをしました。

保護者の様子

　なかよし保育園は、共同保育所からスタートした園ですので、保護者と先生たちの距離が近い園です。ベースとして保護者と保育士が話しやすいという前提がありました。

　意識的に、「津波、大変だったよね」ということを私たちから話題にしました。「職場どうだったの？」「その夜、子どもに会えたの？」「実家どうだったの？」と、具体的に話題にしていきました。深い傷を負った者同士、励まし合いながら少しずつ日常の生活を取り戻していきました。

なかよし保育園をたずねた学生たちと筆者

出張の子育て支援センター

　地域の支援では、子育て支援担当の２人の先生がすぐ近くの中里小学校の避難所に行き、小さい子どもたちを対象に手遊びをやったりしました。避難所に外の人間が入っていく時の避難所の人たちの見る目はきついものがありました。

　「なかよし保育園から来ました」と伝えて、保育所の先生だということがわかると、「どうぞ、どうぞ」という雰囲気になりました。お医者さん、看護師さんたちケアをする人たちは歓迎されましたが、その中に保育士も含まれていました。保育士は、社会的に認められている存在だということを実感しました。

　園庭で無料のバザーを行いました。全国から、色々な救援物資が来ました。個人の寄付は役所が受け付けなかったので、こういうところにたくさん来ました。全部いただいて、無料のバザーを地元のFMラジオなどを通して呼びかけました。年３回実施でき、みなさんに喜ばれました。

震災後の対策

　今後の課題として大切なことは、建物や物も耐震構造にする必要があるということです。

　宮城県沖地震の時に、ピアノがホールの中を行ったり来たりしたのを目の当たりにしました。プロパンガスが倒れて、シューとガスが噴き出すのを見ていたので都市ガスにしました。蛍光灯も、当時はチェーンにつり下げられていたので、天井にぶつかるほど揺れることを学びました。

　耐震装置のある物は全部つけるというのが私の信条です。いろんな物を棚に置きますよね。万が一落ちても子どもがけがをしないようにしなければいけません。

　月１回やっている避難訓練では、宮城県は火事を想定した避難訓練だけでなく、年２回、大地震を想定した避難訓練をやることを指導されています。

　危機管理マニュアルでは、大地震の時はこうしましょうと具体的に書いてあり、それにもとづき訓練をやっていきますが、地震の後は細かく見直しました。お泊り保育をするところで地震が起こったら、海のそばなので大変なことになってしまいます。年２回行く日和山も、帰れなくなったらどうするのかということも想定してマニュアルを加えました。スケート場にも行きますが、川（旧北上川）のすぐそばなので、具体的にどこに避難するか確認しています。

　外に出かけている時や延長保育で園長も主任もいない時にどうにかしないといけないということもあります。そういうことをイメージしながら、自分を守ると共に子どもたちを守ること、ありきたりの危機管理マニュアルではないマニュアルが必要です。

　備蓄品は、日にちごとに分けてコンテナに入れています。ビスケットを備蓄していましたが、朝昼晩と同じものが出たときは悲しくなりました。お菓子ではなく、ご飯を食べたくなります。カレーとかアレルギーに対応したものとかを用意しています。

　水も消費期限がありますが、期限が切れたものもトイレの排水用に使うために取ってあります。備蓄の食料もお湯を入れて３分くらいで食べられると

　思っていましたが、使ってみると30分かかりました。作ってみないとわかりませんので、食べることもやっています。散歩車も当園では2台必要です。

　ここは震災で78センチも地盤沈下し、海抜ゼロメートルになり、大雨があると水が溜まるようになりました。そういうことを理解しなければいけません。避難する場所もちゃんと考えなければなりません。

　絵本が落ちないような工夫、棚から落ちても安全な物しか置かない、そういうことが大事です。うちの保育園の棚は、倒れる物はありません。倒れる物は耐震にしています。

　小さい子はおんぶするか手を引かなければならないので、4・5歳児の先生も小さな子をおんぶすることもあるということを想定しなければなりません。「どこどこに避難します」と連絡しようにも、志津川保育所の先生は流されて書く物がなかったと言っていました。紙・ボールペンも必要です。

　子どもたちには、怖い思いをさせない、寂しい思いをさせない配慮が必要です。私たちも動揺しますが、こういう時こそ、プロ根性を見せてほしいと思います。

　子どもにも優しい、保護者にも優しい、地域にも優しい、でもそれだけではやっていけません。「怖い思いをしたよね」ということを語り合える関係が必要です。無理をしないことが大事です。家族のことが心配なのも当たり前です。そういうことを共有することが大事です。

　忘れてほしくないのは、被災体験は一生の問題だということです。表面上の大小はありますが、その人の人生の中に一生生き続ける問題です。私もNHKの「花は咲く」も受け入れられない時もあるし、歌うこともあります。私自身どうしてかわからないけれど、それに反応してしまうことがあるということを理解してもらいたいです。

　震災の時、私たちと園に泊まった子どもたちの心の傷はどうかと心配しましたが、無事、卒園させることができました。小さいがゆえに、親が追体験をさせなければ、あの子たちは大丈夫だと思います。

　当時、ゼロ歳だった子どもも年長になると記憶がまったくありません。しかし、余震におびえる子たちもいます。親の心理状態が影響していると思い

ます。子どもをよくしようと思ったら、家族の関係を少しでもよくしていかなければいけないと思います。

　自然のことはどうすることもできませんが、備えることはできます。被災地から学ぶことは、備えることが大事だということだと思います。

　なかよし保育園は、床上まで浸水したため床の貼り替えや使えなくなったコンセントなどの大規模な補修工事をしました。また、ヘドロに浸かった園庭や床下はいつまでも臭くて不衛生なため土を入れ替えました。子どもたちは園庭で裸足になって遊ぶこともありますので、土壌の汚染問題も放置はできません。

　大橋園長は、震災後、石巻地区の保育所を回られ、要望を取りまとめて行政に要望するなどの活動もされました。

● アレルギー対応の非常食──塩竈市・あゆみ保育園

　宮城県塩竈市の私立あゆみ保育園は、共同保育所からスタートし、定員90名の認可保育所として運営している保育所です。当時の園長は、長沼千恵さんです[9]。

　あゆみ保育園は、震災の年のゴールデンウィークに最初の訪問をさせていただいてから、毎年、とどけ隊のメンバーの活動場所を提供していただいた園です。あゆみ保育園の震災時の取り組みを紹介させていただきます。

　当日は、14時30分過ぎから数回にわたる前震があり、14時46分、震度6強の大きな地震がありました。園舎は崩れるなどの大きな被害はなく、子どもたちも無事でしたが、15時頃、防災無線で「10メートルの津波が来ます。直ちに避難してください」との指示が流れました。

　15時5分、避難計画通り高台の塩竈市立第三小学校に避難することを指示し、15時30分過ぎ、第三小学校体育館前に全員到着しました。

　迎え済みの子どもは10人で、うち1人は降園後、多賀城市で津波に遭遇

あゆみ保育園

し、救助されました。

　避難した子どもは98人で、誘導した大人は職員26人と打ち合わせのために園に来ていた理事長、常務理事の2人でした。保護者に向け災害用伝言ダイヤル171で避難を伝えましたが、機能しなかったため、正門に張り紙をしての避難でした。

　あゆみ保育園は、塩竈港より約12キロメートルの場所にありますが、町中にあり海は見えません。

　16時30分頃、近くのコンビニまで津波が来ているとの情報が入りました。津波は、園までは押し寄せてこなかったものの、海水は徐々に地区のマンホールなどからあふれ出し、園庭まで水に浸かりました。

　小学校で子どもたちの安全を確認した後、男性職員1名を先頭に職員数名が浸水が始まったばかりの保育園裏口から保育園に戻り、毛布・布団・懐中電灯・ミルク・哺乳瓶・電気ポット・紙おむつ・敷物・おやつを避難散歩車

に満載し小学校に持って来ました。正門側はすでに浸水をしていたため、裏門にも避難先を書いた貼り紙を掲示しました。停電の中、子どもたちは地域の子どもたちも含めて毛布、敷物等で暖を取ることができました。

　特に、アレルギー対応の食事は、地域から小学校に避難していた子どもたちにもとても役立ちました。

　翌日の朝の時点まで迎えのなかった子どもは2人で、最後の子どもも同日の14時45分に祖父母が迎えに来ました。

　子どもたちや家族に犠牲者は出ませんでしたが、浸水や地震の被害に遭った家庭は7件で、失業や自宅待機となった家庭も7月までで9件発生しました。

　職員は、家が津波や地震の被害に遭った人や身内を津波で亡くした人が出ました。

復旧への取り組み

　震災の翌日、職員は自宅待機としましたが、翌13日の日曜日は片付けと職員会議を行い、今回の津波・地震での教訓を確認すると共に、ライフラインの復旧を目安として保育園を再開することを確認しました。

　建物の点検では、75か所の亀裂や破損が確認されました。

　部分的な保育が再開できたのは、3月22日からでしたが、主食は持参してもらい、給食担当者の努力で、ホットプレート、電磁調理器、電気釜を駆使して副食を作りました。

　3月26日（土）には、何とか第33回卒園式を開催することができ、卒園児20人が参加しました。

　3月28日（月）より、朝7時から19時までの通常保育を実施することができましたが、給食が完全に再開できたのは、4月13日に都市ガスが復旧した日からでした。

行政への働きかけ

　3月13日は日曜日でしたが、塩竈市役所に出向き、浸水場所の消毒用消

石灰の手配や保育園の休園についての掲示を依頼しました。

　3月18日以降、塩竈市の児童福祉課に被災家庭の4月からの保育料減免などについて要望に行きました。

　あゆみ保育園は、共同保育所からスタートしていますので、市に要望する際は保護者も参加しています。保育園の再開と被災した保護者支援についても、躊躇なく行政への働きかけを行いました。

3　原発と向き合う福島の保育者

　東日本大震災と保育を語る上で、福島の問題は避けて通れません。宮城県、岩手県などの津波被災地域は壊滅的な被害を受けましたが、時間の経過と共に景色は変化していきました。道路のがれきが徹拠され、プレハブですがコンビニが再開し、やがてスーパーマーケットが再開するなど、復興の様子が訪問するごとに確認できます。

　一方で、福島県の太平洋側、浜通りと呼ばれる地域は、時間が止まったと思われる場所もあります。

　福島県の太平洋岸の南北の真ん中あたりに東京電力福島第一・第二原子力発電所があります。2017年11月、国道6号線のいわき市から南相馬市までの区間を車で走りましたが、帰還困難区域は国道の両側にバリケードが張られ、月日と共に傷んだ家屋が見えます。空き地には、汚染された土砂などが大きな袋に詰められ積まれていました。故郷に戻れる見通しも立たない現状に心が痛みます。

　福島県内の保育者は放射能汚染の問題にどのように立ち向かったのでしょうか。

　県内といっても、地域によって状況は異なりますが、野津ゼミ及びとどけ隊メンバーは福島市、鮫川村、いわき市の3つの地域の保育者の方々に取材を行いました。

あおぞらこども園

　福島第二原子力発電所がある福島県楢葉町に、2007年に開設された認定こども園「あおぞらこども園」があります。

　過疎がすすむ自治体では、原子力発電所に依存しなければならない状況があります。

　人口8千人ほどの小さな町で開設したこの認定こども園の建設費には、10億円以上かけられています。通常、保育所の建設費は2億円から3億円ですから、破格ともいえる高額な建設費です。施設の建設費のほとんどは、東京電力からの10億円の寄付金で賄いました。当時の新聞報道でも、「町の担当者は『建設費が足りず、自分たちで出せないので、東電にお願いした』と説明する」と報道しています。

　福島第一原子力発電所の水素爆発が起きたのは、あおぞらこども園開設4年目のことでした。震災の翌日には休園を余儀なくされ、2012年12月にいわき市に移転して再開しました。

　現在は避難が解除され、2017年4月に元の場所で再開しましたが、震災前には240人ほどいた園児は、再開当初は38人になりました。

● 放射能対策の見本を示す──福島市・さくら保育園

さくら保育園は、1980年4月、福島市渡利地区に定員60名で開園した認可保育所です。2010年10月、移転新築して定員が90名になりました[10]。

福島市渡利は、福島第一原子力発電所から北西に約60キロメートルも離れていますが、放射能汚染のホットスポットになった地区です。

保育方針として、子どもの豊かな発達を保障し、「生活を大事にする保育」「父母と共に行なう保育」「科学的なうらづけのある保育」をモットーにしています。

さくら保育園は、地域に根ざした園としてスタートした保育所で、保護者と一緒にという方針で保育を進め、保護者との関係を日々作っていたため、震災で被災した時も保護者の方が手を貸してくれました。

さくら保育園には、2013年5月に野津ゼミナール震災と保育グループが訪問し、斎藤美智子園長（当時）のお話を伺いました。今は当時の状況とは変わってきていますが、保育士さんたちの震災当時の対応、特に福島第一原子力発電所の放射能汚染に対する取り組みの様子を知っていただくために紹介させていただきます。

震災でも建物は無事

震災時ですが、さくら保育園のある福島市は、震度6弱で激しい揺れが長く続きましたが、園舎は新しかったこともあり無事でした。

地震当日は、園舎の中央部分にあるホールに集まりました。職員同士が顔を見合わせながら落ち着いておやつを出したり、紙芝居や絵本を読んだりすることができ、子どもたちもパニックになることはありませんでした。

放射能汚染が報道されてからは、放射能と余震が怖くて、3月いっぱいは外に出られない状況でした。その年は新学期が始まってからも、町から子どもの遊ぶ姿が消えました。

震災の影響の一つとして子どもの運動不足が問題となりましたが、さくら

さくら保育園園庭に設置された放射線量計

保育園では比較的広いホールで身体を動かすことができたので、運動不足は問題となりませんでした。

　それでも、散歩だけでなく園庭でも遊べないという、運動不足というよりは運動できる場所の制限、そのことで可能な動きの種類や経験が限られることは深刻でした。

除染対策にいち早く取り組む

　さくら保育園の放射能に対する対策は、福島県内の保育所、幼稚園の中では最も早かったのではないでしょうか。

　震災後に、放射線防護学が専門の立命館大学の安斎育郎名誉教授が本格的な測定機を持ち込んで来園し、調査していただきました。園庭を実際に掘って、除染の実験をしていただき、土を掘るだけで放射能の数値が下がることを具体的に示していただきました。

　さくら保育園は、行政による除染が行き届かないところは、保護者と共に

専門家のデータを持って市役所に行き、行政による園庭の土の除去などの除染対策を早い時期に実現させました。

砂場の砂も全部県外産に替えました。コンクリート部分の表面を削り、毎日、線量を測定し、線量が高ければ除染するということを繰り返しました。園関係者の情報により、園庭の道路側や園舎内の窓際には、水を入れたペットボトルを置きました。

「自分の家の近くでは遊べる場所はないから、先生たちがここまでしてくれているこの園の砂場で遊ばせてください」と、０歳児の保護者が園での砂場遊びを認めてくれました。保護者の方が、安全面のGOサインを出してくれました[11]。

県外に避難した子どもたちも多く、定員90名ですが79名に減り、開園以降初めての定員割れとなりました。避難した子どもたちも秋には帰ってきて、2013年４月は94名で始まりました。

給食を作る際、すべての食材を測定器で測るようになりました。行政の指示する測定器は、食材をすべて細かく切らなければ測れないため、園として300万円ほど出して測定器を購入しました。その測定器は、子どもたちが遊ぶザリガニなども測定することができますし、他の保育園などからも依頼を受けて測りました。

食材についても、さくら保育園は地産地消で安全な食材に心がけてきましたが、震災後は県外産の食材を使わざるを得なくなりました。県内産の食材も安全という測定数値が出ても、保護者の理解が得られるまで気持ちを受け止めました。

● 砂場で遊べない子ども——福島市・さくらみなみ保育園

さくらみなみ保育園は、さくら保育園と同じ社会福祉法人わたり福祉会が運営しています。さくら保育園よりは、放射能の線量は低いものの外遊びを制限せざるを得ない時期が続きました。震災から２年後の2013年８月に訪問した時点の様子を紹介します[12]。

　2年という期間は、乳幼児にとっては長い期間です。生まれた子どもが、2歳になって初めて外遊びをするということです。4月に砂場遊びを再開しても、砂場遊びを経験して来なかった子どもたちは、砂に触りたくないと言ったり、砂が手につくとすぐに洗いたいと訴えたり、室内に入りたがったりしました。

　また、2年間、外で歩かなかった子どもたちは、年長児のお別れ遠足でも帰りの道ではへろへろで帰って来るということがありました。

　除染も終わっており外で遊ぶことは問題ないのですが、子どもが裸足になることを心配する声が保育士や保護者さんから出たりしました。

　震災後に採用された保育士は、園庭で遊ぶ経験がなかったため、砂場遊びにも戸惑う姿も見られました。

● 家庭で行った卒園式——鮫川村・さめがわこどもセンター

　さめがわこどもセンターは、福島県の最南端、東白川郡鮫川村にあり、阿武隈山中にある人口4千人を切る過疎の村です。

　2005年4月、人口減少に伴い村内にあった1幼稚園と2保育園を廃校となった元小学校に統合移転し、幼稚園と保育園が同じ建物にある幼保一体型の保育施設となり、名称もさめがわこどもセンターとなりました。2018年4月には、幼保連携型認定こども園鮫川村立さめがわこどもセンターとして再スタートを切りました[13]。

　鮫川村は海から遠いため、東日本大震災時は津波の被害はありませんでしたが、福島第一原子力発電所の水素爆発の影響を受けました。

　さめがわこどもセンターには、2013年から2016年の4年間、野津ゼミナールの震災と保育グループととどけ隊の企画として訪問しました。震災時にセンター長だった菊地朋子さんには、毎回、震災時の体験を語っていただきました。以下、その内容を紹介させていただきます。

　震災時、こどもセンターはかなり揺れ、子どもたちもパニックになってい

ました。

　園庭に子どもたちを避難させ、子どもたちを落ち着かせました。大きい子どもは大変なことが起きているとわかるので、泣く子どもが多くいました。ですが、小さい子どもは何が起きているのかわかっていないようで、比較的冷静な子どもが多かったです。

　その後、耐震工事の済んでいる体育館に全員で移動しました。揺れは断続的に起こり、窓ガラスが割れたらどうしようという不安はありました。余震の合間に、毛布や子どもたちの防寒着を持って来て、寒さをしのげるようにしました。

　心配して迎えに来る保護者の方たちから村外の様子を聞いたり、停電も復旧してテレビで流れる仙台空港へ津波が押し寄せる映像を見て大変な状況であることが徐々にわかってきました。

　こどもセンターは、地震そのものの被害はそれほど大きくはありませんでしたので、その日のうちに園児は家に帰ることができました。

　福島第一原子力発電所の事故が起きてから、保育の必要な子ども数人が登園していましたが、こどもセンターは休園になりました。

中止になった卒園式

　その後、幼稚園の卒園式をどうするかと悩みましたが、簡略化して行うということで、3月22日に式を行うことに決めました。卒園式では、第2部では合唱やリズム運動などを披露します。休園などがあり子どもたちはどうだろうかと心配する保育者もいましたが、担任教師は「あの子たちだったら大丈夫」と自信を持っていました。

　卒園式前日、午前中に園での飾り付けなどの準備をしていました。準備が終わった頃、村から電話がかかってきました。村長からでした。小学校、中学校ともに卒業式を中止することが決定したので園も中止するように、とのことでした。突然の中止命令に声が出ませんでした。

　私は、村長に泣きながら抗議しました。他の職員も泣いていました。ですが、この決断が覆ることはありませんでした。

さめがわこどもセンター

　それから職員全員で卒園式をどうするのか話し合いました。話が進展しない中、事務長が、「それだったら、園児の家でやればいい」と言いました。卒園式はできなくなりましたが、私たちにはバスがあります。各家庭を回り卒園式とまではいかないですが、卒園証書を渡すくらいならできるのではないかと職員たちの顔が明るくなりました。

　バスを使うのに村長の許可がいるので許可も取りました。バスの利用について、村長は反対しませんでした。

　バスに必要な荷物を積み込み、その日の夜に全保護者に電話をかけました。卒園式ができないことの説明やバスで渡しに行くこと、おおよその時間を伝えました。

　次の日は3月23日、バスに園長や担任の先生等が乗り込みました。

　子どもたちの家を回っていくと、連絡した時間に合わせて玄関先で待っていてくれました。子どもたちは制服をきっちりと着て、髪型もちゃんとして待っている子がほとんどでした。スーツ姿で待っていてくれた保護者の方も

いました。

　各家庭のなかには風船等で飾り付けがされている家、ビデオを撮っている家もありました。最後は、各家庭で記念撮影をしました。8時30分から午後5時までかけて38名の子どもの家を回りました。

　遠い親戚宅へ避難している家庭もあったので、その日のうちに全員に卒園証書を直接手渡せなかったのは残念でした。その年の卒園児にとっては家庭での卒園式でしたが、今でも在園児や職員も全員そろって卒園を祝福してあげたかったという思いは強いです。

外遊びの制限

　新学期が始まる前に園をきちんとする必要がありますが、今までのような保育ができるのか、多くの不安を抱えながら準備を始めました。北海道、新潟、群馬、千葉等に避難していた子どもたちも3日から4日、最長でも3週間で全員が戻って来ました。

　新学期が始まってからも不安は多かったです。地震から2日後に発生した放射能事故の問題が、私たちに大きくのしかかってきました。村役場に行き情報収集をしましたが、国から各自治体に詳しい情報が伝わってきませんでした。事故が起きたらこのように対応するというものが、もともと伝わっていませんでした。自衛隊は情報を早く把握していたようですが、病院の職員さえも正確な情報を知らないという現実。どうしたらよいのかわかりませんでしたが、とにかく外には出ないようにしました。

　移動もかなり気を使いました。たくさん服を着て露出を避け、マスクを着用させ、走って送迎バスや車まで移動してという状況でした。原発の安全神話の上に置き去りにされていました。甲状腺がんは、10年先とかじゃないとわからないから本当にこの先が怖いです。

　4月は、園庭で遊ばないようにしました。5月に入ってからも、園庭の遊具を濡れタオルで拭き、30分から1時間だけ園庭で遊ぶようにしました。今までは野山を走り回っていましたので、本来ならストレスも多いはずですが、体育館で身体を動かしていましたのでストレスはあまりないように思え

ました。しかし、春から初夏の季節、私たちの地域だからこそできていた自然と触れ合う遊びを体験させられないのは、長い目で見て子どもたちの育ちへの影響が心配でした。

　こどもセンターでは、障がい児保育を早くからやっていました。下半身がほとんど動かない子どももリズム運動をしていました。元気な子どもにもリズム運動は人気でした。毎日20分から30分はやっていました。運動量も多く身体がすっきりしているため、子どもたちの変化は少なかったと思います。その年の運動会は体育館で行いました。

　翌年、放射能測定の機械を設置しました。国の対応は非常に遅かったです。他には、グラウンドの土を取りました。グラウンドの放射能の数値も順調に下がっていきました。毎日、隅から隅まで数値を測り、園庭の遊具を雑巾で拭くなど、できる限りのことを職員で行いました。

地元の食材が使えない

　食材は一番困りました。こどもセンターの給食は地元産の食材にこだわっていましたが、初めは福島産のものは避けていました。内部被ばくの検査もしましたが、子どもたちは全員大丈夫でした。

　保護者の中には、情報量に差があるためか、あっけらかんとしている人もいれば、不安を抱え非常に神経質になっている人もいました。仕事もあり、避難することもできずに一人でもんもんと考えている人もいましたので、保護者にはできる限り声をかけ、話をすることで精神的なケアもしていました。

　モニタリングの機械が入ってからは、保護者も安心しました。それまでは、すべての食材を取り寄せている親もいました。給食の食材は、モニタリングしたものを配達してもらい、園でももう一度モニタリングしています。給食の食材の検査は、事務員や栄養士が行いました。午前10時から午後2時までの間は、モニタリングの機械が空いているので、保護者が気になる食材を持って来て計測することもありました。

　当時、職員は放射能のことは詳しくはわからなかったので、本で調べたり学習会を何度も開いたりしました。放射能のことを知ることでむやみに怖が

らず必要なことだけをすればよいとわかり、気持ちを落ち着かせることができました。

　原発事故がなければここまでひどくはなりませんでした。福島はまだまだ放射能と闘っています。

　その当時、毎日、牛の乳を搾っては山に登り、捨てている老夫婦もいました。牛が放射能を浴びているからと、搾乳しても売れずにいたわけです。乳を飲むと病気になると言われていました。しかし、モニタリングをしてみると、基準はクリアしていました。基準をクリアしているのに捨てるのはもったいないと、職員たちがもらって飲むこともありました。原発事故のため、エサとなる牧草の数値が高くなり、エサも遠くから取り寄せなければなりませんでした。おじいちゃん、おばあちゃんが一生懸命作った野菜を、子どもたちに食べてもらえないことも多かったなど、様々なところで影響が出ていました。

　今までは散歩で当たり前のように口にしていた木いちごや桑の実などを、「それ放射能だから食べちゃダメってママが言っていた」と、口にする子どもがいなくなりました。いくら測定して大丈夫と言われても、安心できないのです。

災害時に大切なこと

　災害が起こった時に、主任や上の立場の保育者がどれだけまわりを見て対応できるかが大事です。色々なことが起こる中で、体育館に避難するとか、外には出ないとか、まわりの保育者に適切に指示を出さなければいけません。保育者がオロオロすると子どもも不安になります。日常からの仕事の体制、園の考え方が災害時に影響するので、しっかり普段から子どものことを考えているということを大事にしなければいけません。

　震災当日は、電気が使えなかったので、反射板の旧式ストーブが役に立ちました。夕方の6時頃には電気が復旧したものの、全館の暖房設備が使えなくなり、役場や職員の家からストーブを運び、何とかしのぎました。

　緊急連絡網が災害時に役に立ちませんでしたので、震災後に見直しました。

　避難訓練も見直し、季節ごとに子どもの誘導の仕方を決め、火災時は出火場所によって避難先や避難路を職員が判断して行動する訓練をしています。地震の時に子どもがもぐれるように、テーブルを重ねておかない工夫をしています。避難は、クラスそれぞれで活動がバラバラになっている時が一番大変です。それぞれ担当の保育者がその場で判断しなければなりません。

　子どもに対する保育者数の最低基準は、０歳児だと３人に１人の保育士、１歳児だと６人に１人です。災害時にこれで子どもを守れるのかといったら無理ですね。０歳児ですと、１人おんぶして１人だっこして、もう１人はどうすればよいのでしょうか。

　鮫川村は、フリーの職員を園長、副園長以外にも確保するなど、人的配置に力を入れていますが、それでも災害時の対応としては十分ではありません。

● 子どもに負けないように生きていこう──いわき市の保育者

　福島県いわき市は、福島県の太平洋側の南端にある町です。市の北側の双葉郡には福島第一原子力発電所と第二原子力発電所があります。

　2011年３月11日の地震は、震度６弱でした。市内の津波の高さは、最大は平豊間字下町の8.57メートル、最小でも小名浜港の4.4メートルでした。同じ福島県の富岡町の21.1メートルと比べると小さかったのですが、それでも壊滅的な被害を出しました[14]。

　また、翌月の４月11日とその翌日の４月12日にも震度６弱の地震が発生しています。特に４月の地震は震源がいわき市であったため、いわき市在住の元公立保育所長のＢさんの言葉を借りると、「この世の終わりかと思いました」というほどの激しい揺れの地震でした。犠牲者も両方の地震で300人以上を出しました。

　いわき市は、震災の被害と共に福島第一原子力発電所の問題も抱えました。いわき市は、原子力発電所の水素爆発後から市外への自主避難者が続出し、いわき市民の半数が市外に避難したとも言われました。

　新学期に入り、市民が少しずつ戻り始める頃から、双葉郡内などの強制

震災１か月後のいわき市内の保育所

避難区域の住民がいわき市内の仮設住宅などで生活を始めました。仕事の関係でもっと遠くに避難することができない人や少しでも故郷に近い町で生活することを希望する人たちです。

市内で津波により家を失った人と東京電力から補償金をもらっている双葉郡から避難した人、そして家族も家も仕事も失わなかった人が同じ町で生活することになり、同じ学校や病院、店に通うことになったのです。

お互いが震災を経験し、被害者であるにもかかわらず、心が一つになりにくい中での生活が続きました[15]。

筆者は前述の通り、いわき市の大学で３年間働いていました。震災の年からいわき市には毎年通っており、2013年から2016年までは、野津ゼミナールやとどけ隊のメンバーと共に訪問しました。

毎回、いわき市の保育士さんたちから震災時の貴重な話を語っていただきました。ここでは、2013年度に訪問した時の聞き取り調査から紹介させていただきます。

揺れの中で考えたこと

〈A保育士〉

　私は、当時、年長担当でした。あの日、大きく揺れている間中、「揺れが収まったら真っ先に何をしようか」と考えていました。そして、揺れが収まるとすぐ子どもたちに、帽子をかぶって靴を履き、カバンを背負って園庭に出るように話をしました。

　日頃から避難訓練では、地震で机の下に隠れる時は、必ず机の脚を持つように話していましたが、それはとても大切なことだったのだと思いました。部屋の中は、子どもたちの本や道具箱、棚の上のおもちゃ、図鑑、直前まで遊んでいた机の上のはさみや粘土、レゴブロック、パズル、とにかくありとあらゆる物が散乱し、トランポリンの揺れのように弾む室内で、もしも子どもたちの身体の上に机がなかったらと思うと、ぞっとしました。

　揺れている間の子どもたちは、机と一緒にトランポリンの上にいるかのように弾んでいました。なかなか止まらない揺れの中、恐怖と共に自分の置かれている異質な状態、「トランポリンのように弾むなんて！」という不思議な感覚で、変なテンションになり笑い出す子も出てきました。異様な笑い声でした。その声を忘れることはできません。

　大きい子どもたちの先生は、子どもたちを外に出した後、最小限の人数だけが残り、他の保育士は乳児や未満児の手伝いに向かいました。

　小さい子どもを外に無事に出してホッとする間もなく、吹雪のように雪が舞い、異常な空模様になり、泣き出す子どももいました[16]。

　そんな中、年長さんは大きな声で歌を歌い続けました。小さい子どもが泣かないようにと歌い続けたのですが、歌うことで自分たちも気持ちを立て直そうとしていたのかなと思います。だんだん歌のレパートリーも尽きてきて、満了式（卒園式）のために練習していた歌を歌い始めた時には、さすがに「その歌は、悲しくなっちゃうなー」と、苦笑したのを覚えています。

　子どもの歌に支えられ、園庭で保護者のお迎えを待ちました。沿岸部で働く保護者も多く、迎えに来られて、「私の車はだめだった」「今、家に寄ったら、塀が壊れてたよ」「港の近くは波にやられて、車がゴロゴロしている」

などと話されるのを聞きました。私たちの情報源は、保護者の方から入るものだけでした。

　満了式は、3月17日を予定していましたが、原発事故の影響で、子どもたちはほとんど県外に避難して行ったためにできませんでした。

　4月に入り、学校の再開が決まり、戻ってきた子どもたちとお別れ会を開きました。お別れ会では、保護者代表のお母さんが次のような素敵なメッセージを読んでくれました。

　「大人は、地震があってからの1か月、ずっと下を向いて生きてきました。でも、ふと気づいたら子どもたちは成長し、見上げてみたら桜も咲いて春が来ていました。私たち大人も、子どもに負けないように生きていこう」

放射能と向き合う

〈B元保育所長〉

　3.11よりもひどい余震が2回来ました。4.11と4.12って言いますが、中学校のプールの水が全部出ちゃいました。断層が突き抜けたから、畑も道路も1メートルの段差ができました。ものすごく怖いんですよ。ですから、いわき市は3回地震に襲われました。

　4月の地震は、この世の終わりかと思いました。

　地震の時、子どもたちは泣かずに頑張った話をたくさん聞きましたが、ある面、家庭にいるよりも保育所は集団でいるから友だちや保育士に支えられるし、恐怖が違うと思いました。私は、地震の時は家にいたんですが、本当に怖いです。だって家が壊れちゃうんですから。

　120人くらい子どもがいて、そこで子どもを守れるかって言われたらサーって青くなります。保育所には、3歳未満児が60人くらいいることになりますから、何人保育士がいても足りません。だから、保育所はマンモスであってはいけないと思いました。保育士さんの中には、またあんなことがあったら怖いから、出勤をする時、足が震えるという人もいます。

　今回の震災を体験して、自分で選んだり行動できる子を育てなきゃいけないと思いました。

〈C元保育所長〉

　放射能の影響で廊下は走るところになったからね。今はみんな笑っているけど、当時は保育者みんな顔が固かったです。120名の子どもをどこに避難させられるのって言われて、避難場所3つくらい欲しいと思いました。

〈D幼稚園教諭〉

　震災当日、地震が起こった時には子どもたちはいませんでした。しかし、海沿いの子どもたちの家は被害に遭いました。

　小学校が避難所になり、避難所に行った時にはすでに40人くらいの子どもがいました。子どもは口もきけない状態で、声をかけても笑わず、ぶるぶる震えていました。保護者も憔悴しきっていました。子どもや保護者に何て声をかけていいかわかりませんでした。そんな中、保護者から「先生が無事でよかった」と声をかけてくださり、逆に私たちが励まされました。

　震災後、子どもたちは緊急地震速報があると過度に反応する子どもが多くなりました。運動会の放送器具とかの音に対しても子どもたちは耳をふさぐようになりました。

　地震の時、とっさにもぐりこんだこたつが、上から落ちてきた食器から身を守ってくれたことから、その子どもはこたつは安全と認識しました。そのため、保護者がこたつをしまおうとすると、子どもが「逃げる場所がなくなるからしまわないで！」と言ったそうです。

　今まで、幼稚園は避難訓練を年に5回行っていました。年5回では、どう動いてよいかわかりませんでした。私たちは「子どもたちを守らないといけない」と強く思うようになり、月1回訓練するようになりました。最近は、子どもたちは実体験があるから訓練にも慣れてきました。そして、避難の仕方も避難先の小学校がダメだったら次にどうするかなどと考えるようになりました。

　子どもたちの生活の中では、今までは外で遊ぶことがメインだったけど、放射能の影響で出られなくなり、園内でごっこ遊びをして遊ぶようになりました。子どもが外に出て走り回れないため、中でも楽しく遊べるようにどう

したらよいかを考えました。

　そして、震災前は廊下は走ってはいけなかったけれど、震災後は体力が衰えるなどの理由で、運動のために廊下は走るという考え方になりました。外で遊べない分、小学校の体育館を借りて「わーっ！」と身体を動かすようになりました。

　窓も開けることができない状況だったため、夏は熱中症のような症状になる子どもが多く、嘔吐する子どももいました。しかし、保護者は「戻してもいいから、窓は絶対に開けないで！」という声が多かったです。扇風機も回してみましたが、熱風を回しているだけでした。

　当時、放射能の影響についての知識をみんなが持っていませんでした。そのため、間違った知識が広がっていました。保護者が園の水道水が怖いからと言い、みんなミネラルウォーターを持ってくるようになりました。プールの時も「ミネラルウォーターでできんか？」と言う保護者もいました。

〈E保育士〉

　震災が起こった時、子どもたちは午睡中でした。私は、子どもたちに布団をかぶせ、落下物から守りました。揺れが収まってから、外はみぞれが降っていたため、園庭に出るか、室内に残るか悩みましたが、保育士で話し合った結果、園庭に出てみんなで寄り添って寒さをしのぎました。

　その後、子どもたちと避難所へ移動しました。避難所では、子どもたちのそばにいる保育士と、非常食の準備や避難所での仕事をする保育士の2つに分かれました。徐々に保護者のお迎えもあり、その日のうちに引き渡しは完了しました。

　放射能のことだけではなく、あんな大きな震災があったことから心情的にやってはいけないと思い、運動会やプール遊びはしませんでした。原発の関係で福島県を離れる人が多いけれど、公務員はそうはいきません。

　放射能の影響のため、野菜を育てても食べることができません。そこで保育士は、食べない野菜を作ろうと考えました。育った野菜をスタンプにして子どもたちと遊ぶことができました。

〈Ｆ保育士〉

　大震災が起こった時、子どもたちは午睡中でした。保育士たちは、子どもたちに布団をかぶせ、大きな揺れが収まるまで、子どもたちの身体をトントンして落ち着かせることしかできませんでした。揺れている時、泣いている子どももいましたが、私のクラスの自閉症の子どもは熟睡していました。「お願いだから起きないで！」と心の中で叫ぶ思いでした。長くて大きな揺れに、「子どもたちを守ることができるのだろうか」と不安もよぎりました。

　揺れが収まってから、お孫さんを保育所に預けているこの地区の消防団の団長さんが飛んで来て、「小学校が避難所になっているから、すぐにそこに行った方がいい」と教えていただきました。私たちは、何も情報が入ってこないことに大きな不安を持ちながらも、子どもたちにパジャマの上に上着を着せて、靴を履かせて小学校に避難をしました。

　小学校には、地域の人たちが次々と集まってきました。しばらくすると、校長先生の「10メートルの津波が来るらしい。ここではだめですよね」との言葉に、再び「子どもたちを守ることができるのだろうか」と不安でいっぱいになりながら、この地区の津波の時の避難場所になっている高台に地域の人たちと一緒に避難しました。避難は、地域の人が手助けしてくれました。

　子どもたちは誰も騒がず、泣かず、保育士の指示通りに行動してくれました。年長児は、長い坂道を小さい子の手を引きながら、黙々と歩いていました。そんな年長児でしたが、迎えに来た保護者の顔を見た瞬間に、みんな大泣きをしました。不安な気持ちをがまんしていたんだなと、保育士ももらい泣きしそうでした。

　消防団の方の指示で、高台から小学校に移動しました。その間、保護者の迎えが続きました。なかなか連絡がつかない子もいましたが、最終的には21時までに全員引き渡しができました。

　園舎は幸いにも、津波の被害はありませんでしたが、これまでやってこなかった津波の避難訓練もやらなければならないと思いました。

　震災前までは、豊かな自然を利用した保育をいっぱいしてきましたが、原発事故の放射能の影響で、今まで通りの保育がまったくできなくなりまし

た。少し放射線量が下がってきた頃、短い時間ですが散歩に出かけました。草むらや空き地は線量が高いので「土や草にさわっちゃだめだよ」と声をかけながら、ただひたすらアスファルトの上を歩くだけの散歩でした。虫がいたり、花が咲いていても、それに気づかせない散歩でした。これにはストレスを感じ、つらかったです。

　計測計が各保育所に配布されてからは、線量を測りながらの散歩でしたが、今まで大丈夫だろうと思っていたところが計測してみると結構高いことがわかった時には、こんな線量が高いところを子どもたちに歩かせていたのだと思い、罪悪感でいっぱいになりました。

　私たちの園には、津波で流されてしまった保育所の子どもも来ていました。その中の年長の一人は、毎朝、車から降りるのを嫌がり、大泣きでした。友だちと遊ぶこともできず、保育士が声をかけても無言で表情も乏しかったです。それでも、半年以上かかりましたが、徐々に笑顔を見せ、友だちの中に入っていけるようになりました。保育所だからこそ立ち直ることができたと思います。子どもたちの力はすごいなと思いました。

4　被災した子どもと向き合う学童保育

● 避難所となった学童保育所——いわき市・青空学童保育クラブ

　福島県いわき市小名浜にある青空学童保育クラブは、小名浜港から2キロメートル弱の高台にあるいわき市立小名浜第一小学校の敷地内にあります。震災時、小名浜港から800メートルあたりのところまで津波が来ましたが、青空学童は津波の被害には遭いませんでした。激しく揺れたそうですが、建物自体は持ちこたえました[17]。

　指導員の比佐和美さんとは旧知の仲です。安否が気になり、2011年のゴールデンウィークの間に訪問しました。比佐さんから震災時の様子を

青空学童保育クラブ

伺っている時に余震が起こりましたが、カップの中のコーヒーがあふれ出しました。以下、比佐さんに話していただいた震災時の様子を紹介します。

　震災時に学童保育を利用していた子どもは50人ほどでした。
　2011年3月11日金曜日は地区ごとの集団下校の日で、地震が起きたのはこれから下校するという時間帯でした。第一小学校の両隣の学校からも子どもたちが通っていますので、指導員が迎えに行き、1年生を乗せてきて、上級生を迎えに行っていた時に地震となりました。
　すでに青空クラブに帰っていた1年生は室内にいて地震となり、様子を見ながら目の前の校庭に避難させました。第一小学校の子どもたちは指導員が迎えに行き、集団で帰ってきて合流しました。車で迎えに行っていた指導員も上級生を乗せて戻ってきました。
　もう1か所の学校は、車での迎えは難しいと考え、指導員2名で歩いて迎えに行きました。学校では、地区ごとに子どもが集まっていたので、青空ク

51

ラブの子どもたちを引率して戻りました。

避難所となった学童保育所

　学校に迎えに来た保護者も多く、20人くらいの保育でした。

　第一小学校は校舎をはさんで、後ろに大校庭があり、青空クラブのある方が小さな前校庭でしたが、こちらの方にも地域の人が避難して来ていました。しばらくすると、雪が降って来たので、子どもたちと一緒に青空クラブに入ってもらいました。

　この時は停電にならなかったので、夕方には灯りもつけました。保護者も道路が大変なところを迎えに来てくれて、青空クラブの子どもの最後の迎えは夜の9時過ぎでした。自宅に戻ることが不安な青空の2家族と地域の数家族が、そのまま青空クラブに残りました。

　水道が止まると思い、鍋に水をできるかぎり溜めておいて、飲み水や調理に利用しました。余震でこぼれたりしましたが、水は溜めておいてよかったと思います。トイレは、学校のプールの水をバケツに汲んできて利用しました。非常食は、市から届けられました。

　青空クラブにいた地域の人たちも、3月15日までには戻っていきました。

　3月17日、妻の実家がある千葉県内に家族で避難しました。震災前にたまたまガソリンを満タンにしていましたので、かろうじて避難することができました。

　避難先の千葉県から全世帯の様子を確認したところ、8割くらいの家庭が自宅を離れて県内外に避難していました。1週間避難して、いわき市に戻り青空クラブの再開準備をしました。

原発事故により利用者は激減

　3月28日の市内の公立保育所の再開に合わせて、青空クラブも再開しました。当日の利用人数は8人でした。市内の小学校は、予定通りの4月6日に入学式と決まり、新年度の準備をしながら、保育にあたりました。

　4月7日から1年生10人を迎えて、計39人で1学期がスタートしまし

た。他県に避難して、福島県を離れる家族もいました。保育は、室内遊びのみで過ごしました。

　4月11日、震度6弱の地震があり、この時は停電と断水があり、夕方のお迎えまでろうそくの灯りで過ごしました。

　外遊びは、夏休み頃から保護者の承諾のある子どものみ、時間を決めて遊びました。

　人数が減り、不安定な児童数のなか、何とか学童保育を続けました。

翌年は一気に利用者が増加

　次の年は、60人以上に増えました。放課後の子どもたちを心配する共働き世帯やひとり親家庭からの入会が増えたこと、双葉8町村から避難した人たちからの入会が多くありました。

　東京電力福島第一原子力発電所の事故は、人々に様々な暗い影を落としました。避難したり、子どもたちの保育が制限されました。原発事故により、避難先を転々としたり、避難を希望する母親と仕事の関係で避難できない父親との間のすれ違いがあったり、心の病になってしまった人もいました。

　気持ちの波が激しい子どもや家族としか話せなくなった子どももいたりと、本当に色々なことがありました。

● にじいろクレヨンの挑戦——石巻市

　柴田滋紀さんは、石巻市在住の画家でお絵かき教室と剣道教室の師範をしていました。震災後は、NPO法人にじいろクレヨンを立ち上げ、避難所の子どもたちを対象とした移動学童保育を開始しました[18]。

　柴田滋紀さんは、地震発生時、日和大橋のたもとにある石巻文化センターで陶芸教室の準備をしていました。激しい揺れの後、消防団員の柴田さんは仲間の消防団員と共に消防車に乗り、地域住民に避難を呼びかけていましたが、旧北上川を遡上した津波が押し寄せてきたため、門脇小学校に逃げ込みました。

　小学校に津波が押し寄せてきた時、小学生はすでに裏山の日和山に避難していました。小学校には地域住民が避難していましたが、地域の若い人たちと共に裏山と校舎に教壇を渡し、橋のようにして住民を日和山に避難させました。

　その日は暗くなるまで日和山での救援活動を続けられ、ご家族とも無事合流し避難所となった石巻高校での避難生活を始めました。

　避難所生活11日目の3月22日、門脇保育所の保育士さんに手伝ってもらい、避難所の中で子どもたちに絵本の読み聞かせや遊びのボランティアを始めました。避難所を出てからはNPO法人にじいろクレヨンを立ち上げ、避難所、仮設住宅、そして現在は復興公営住宅の子どもたちを対象とした学童保育などを継続しています。

　柴田さんに、震災当時からその後の活動について伺いました。

消防団員として救援活動

　石巻文化センターで姉と陶芸教室の準備をしていた時、ものすごく大きな地震が来て棚の物が落ち、物が倒れたりしました。窓から北上川を見ると、みるみるうちに水が引いて行くのがわかりましたので、津波が来ると思いました。

　自宅に戻り家族を門脇小学校に避難させ、自分は消防団員だったので自宅前にある消防団の詰所に行きました。

　先輩2人と消防車に乗って、「津波が来る！」と避難を呼びかけていました。ちょうど北上川に向かって走らせている時に、川の方から黒い津波が来ました。すぐに引き返し門脇小学校に向かいました。避難する車で渋滞していましたが、小学校にたどり着き、車を捨てて小学校横の坂道をあがって逃げました。

　ゴーッという音と共に家や車が小学校に押し寄せてきました。やがて家に火が付き、小学校に残っていた人を日和山に避難させるのを手伝い、その後も見える範囲の人は助けましたが、まだ家の中に残っていた人もいたんだと思います。暗くなり、火が燃え盛る中では、それ以上、がれきの中に入って

いくことはできませんでした。

避難所の生活

　その後、家族とも再会し、石巻高校に避難しました。私自身も避難者としてうちの家族と共に避難所生活を始めました。

　石巻高校のトレーニングルームには400人くらいの人が避難していたんです。体育館のように広いところですが、2人で1畳くらいの場所に寝たり、荷物を置いたりという状況でした。

　食べ物は1週間くらいして届いたんですけれど、1週間くらいまでは何も届いていない状況でした。1日にせんべい1枚とか、2日目で温まっていないレトルトのカレーが20袋を400人で分けなさいなどという状況で、精神状態がみんなおかしいという状況だったんじゃないかなと思います。

絵本の読み聞かせからスタート

　避難所では、食べるものもない、水もないという状況の中で何もすることがないんです。何かできることがないかなと思っていたところで、近くにいる子どもたちが騒ぐでもなくおとなしくしていたのを見て、子どもに何かしてあげたいなと思いました。子どもたちにはお絵かき教室や剣道教室をやっていたので、絵本の読み聞かせからスタートし、にじいろクレヨンの前身の石巻こども避難所クラブを立ち上げました。

　この活動を始めたのが3月22日で、その時、石巻高校には100人くらいの子どもたちが過ごしていて、最初は1日1時間半と決めて折り紙やったり、紙ヒコーキ作りをしたり、鬼ごっこしたりということをやって、とにかく子どもたちに遊びを提供しました。

　石巻高校に門脇保育所の先生たちがいるということは知っていたので、千葉所長にお願いして「こういうことをやりたいので手伝ってもらえませんか」とお願いして、先生たちに入っていただきました。

　先生たちがピアニカをどこかから持ってきて、手遊びとかを始めると、音が何もない状況だったので、子どもたちがうれしい気持ちになって寄ってき

ました。先生たちはその時は1回に5人くらい手伝ってくれました。時間は10時半から12時までと決めて、毎日やっていました。

　避難されてきた親は、家族や家をなくし、この先どうしようと全然見通しの立たない状況で避難所生活をされていたので、親が子どもに向き合える状況ではありませんでした。

　子どもは甘えたくても、親はそれどころじゃなかったり、相手をしてくれなかったり、親の方がすごく疲れている状況でした。親がイライラする。それが子どもに移り、子どもたちは不安に過ごしていました。

　そういう状況だったので、子どもたちは乱暴で、暴言とか、蹴ったり殴ったり、髪の毛引っ張ったり、目に指を入れてきたりとか、つばを吐いてきたりとか何でもしてきました。「死ね！」などという言葉を2歳とか3歳の子が平気で言っていました。

　きょうだいの1番下の子が乱暴だと、よくよく見ていると、1番下の子は2番目の子に殴られているんですね。2番目の子は1番上の子に殴られ、1番上の子はお父さんに殴られているんですね。そういう連鎖が実際にありました。

　絵描きですから、絵でストレスが発散できるということを知っていました。いい絵を描いてほしいとか、上手な絵を描いてほしいではなく、ストレスの発散の場として、絵の具を指にワーッとつけて自由に描かせました。水は、プールの水を汲んできました。

　子どもは、ストレスが溜まると黒く塗りつぶしたような絵を描きます。何回も何回も描いていると、濁った絵にはならないというのを知っていたので、どんどんやらせていました。

　いいものを作るのが目的ではなかったので、好きなようにやらせました。そこら中に絵の具がはみ出ていました。支援物資でもらった粘土を、床に思い切りぶつけたりということもしました。

　電気もないためテレビゲームもできない。何にも娯楽がないんですね。

　子育ての経験もなく、読み聞かせはやったことがありませんでしたが、支援で届いた絵本を使って読み聞かせをやってみました。子どもたちはぐいぐ

い食らいついてきました。幼児向けの絵本でも、小学5年生とか、6年生の子どもでも、聞いてくれました。いつも乱暴な子とか、話を聞かない子がおとなしく聞いてくれました。

石巻こども避難所クラブの開設

　当時、石巻市内に100以上の避難所がありました。

　石巻高校で、毎日、活動を続けているとボランティアもたくさん集まってきました。

　避難所で生活する子どもたちに遊びを提供するために、石巻こども避難所クラブ（現・NPO法人にじいろクレヨン）という団体を立ち上げました。

　他の避難所も石巻高校と同じように子どもの遊び場は作っていないだろうと思ったので、違う避難所にもボランティアを派遣して同じように遊ばせていました。

　小学校は4月20日頃再開しましたが、子どもたちはそれまではずっと避難所にいて毎日暇です。できることはやろうと、1日7か所とか8か所の避難所を回りました。

　最初は、子どもと遊べばいいだろうと思っていたんですけれど、その場には来ても遊ばない子がいます。一緒に遊ぼうと言っても、「いやだ」と言って遊びません。その子にとっては、その場にいるだけでいいと気づきました。それからは無理に遊びに誘わず、そこにいればいいなあということで、話しかけたりとか、そういう場を作ろうということになっています。

仮設住宅での活動

　6月に入ると仮設住宅が建ち始めました。

　石巻市の場合は、抽選に当たった人から避難所から仮設住宅に移っていきました。子どもたちも抽選に当たった順に避難所からいなくなっていきました。

　最初は、コミュニティも何もない状態でした。仮設住宅でも活動することにしました。月曜日はどこ、火曜日はどこというふうに、1日1か所行くと

いう形式にしました。仮設住宅は遊ぶ場所がありません。

　仮設住宅を建てるため、公園をつぶします。そのため子どもたちが安全に遊べる場がありません。当時は、歩いて行ける遊び場というのがない状況でした。しいて言えば、学校の校庭を使って遊ぶのが何とかできる状況でした。

　公園は、すべてアスファルトで埋められてしまって、車が通る通路になりました。仮設住宅で子どもを遊ばせる時は、「危ないよ。危ないよ。車通るよ」と言いながら活動しなければならない状況でした。

　震災で子どもたちが、津波に飲み込まれたけれど助かった子もいるし、避難所で親とも会えず子どもだけで過ごした子もいるし、親御さんが亡くなった子もいるし、きょうだいを亡くした子もいるし、みんないろんなことを体験しています。

　そういう子どもたちに対して支援をしなければならないということで、安心、安全な環境を作ったり、日常生活を立て直したり、活動の機会を提供したりしました。

　現在、にじいろクレヨンの活動は、仮設住宅から復興公営住宅に移っています。また、子育て支援センターの活動なども始めています。

　6年近い仮設住宅の生活でできた人間関係が、抽選で当たった復興公営住宅に順番に移っていくことから、もう一度、地域作りが始まっています。にじいろクレヨンの活動は、子どもを真ん中にした震災復興後の地域作りの役割も果たしています[19]。

第2章

震災後の子どもたちにはどんな支援が必要か

1　震災直後から１か月くらいまでの子どもたちの反応

　2011年から2012年にかけて、東北を訪問するごとに保育者のみなさんに、震災当日からその後の子どもたちの様子を聞きました。

　震災という死に直面するようなトラウマ体験は誰でもショックを受けます。また、繰り返し報道される津波の報道により、子どもたちは２次的なトラウマ体験にさらされます。子どもを取り巻く周囲の環境などにより、震災による影響の出方は一人ひとり違いが見られますが、ある程度、共通した面も見られます。親から虐待を受けた子どもと同じような反応を示す子どもも少なくありません。

　子どもへのサポートの仕方も、東日本大震災で子どもたちの支援にあたった保育者から学ぶことにより、今後、震災等が発生した時の支援にも役立つはずです。

● 大きな揺れの中で

　東日本大震災が発生した時、宮城県などでは大人が立っていられないような大きな揺れが起こりました。保育所では年長の子どもを除き、多くの園ではお昼寝中でした。年長児や幼稚園児は、この時間帯は室内活動をし

ていた子どもが多かったようです。

　お昼寝中の子どもの中には、あの大きな揺れの中でも起きなかった子どももいたそうですし、年齢の低い子は状況が理解できず泣く子どもは少なかったようです。

　室内で制作活動などをしていた年長児の中には、恐怖のあまり泣いた子どももいたことは多くの保育者が報告しています。また、小学生も低学年の子どもたちは不安から泣き出す子どもがいました。

　発達障がいの子どもの様子を聞くと、「心配な子どもは把握しています。すぐに保育士がそばについたため、パニックにはなりませんでした」（女川町立第二保育所）というように、その時に保育者がそばにいるなどの対応をすれば、必ずしもパニックになったわけではありません。

　また、福島県の20代の幼稚園教諭は、「私自身怖かったんですが、子どもたちには、『大丈夫だよ、大丈夫だよ』と言い続けました」と報告してくれました。小さな子どもたちにとって、周囲にいる大人（保育者）の対応が重要だということがわかります。

　また、福島県いわき市の公立保育所では、年少の子どもたちを励ますために年長の子どもたちが歌を歌ったという報告もあります（前述）。

● 避難所の子どもの姿

　避難した避難所では、女川町立第二保育所や石巻市立門脇保育所の保育士さんが、「子どもたちは、2歳児も含めて紙コップ一杯の水を順番に回し飲みし、がぶ飲みする子どもはいなかった」と報告しています。緊迫した状況は、2歳児も感じ取ることができるのです。

　さて、避難所生活が始まると、多くの避難所はすし詰め状態になりました。横になって寝ることができない避難所や、畳1枚の広さに2人で寝るということも普通でした。

　そのように過酷な避難所生活で子どもたちはどのように過ごしていたのでしょうか。

　石巻市の柴田滋紀さんは、たまたま隣になった家族に小学生の女の子がいて、「泣きたいのをがまんしているように見えた」と語っています。

　震災の年の7月から8月にかけて訪問しましたが、訪問した学校の体育館などの避難所では、子どもたちは舞台の上で遊んでもよいと言われていた避難所もありましたが、誰も遊んでいませんでした。子どもたちなりに、大人の張りつめた様子を感じ取っているようでした。

　避難所の張りつめた空気は、子どもたちにとってもストレスです。また、停電をしている状況では、夕方になり暗くなると寝るしかありません。ゲームも勉強道具も持ち出せていない何もない状況では普段の遊びや勉強もできません。

　前述の柴田さんは、震災後の11日目からご自身が避難していた石巻高校の避難所で子どもたちを集めて遊びのボランティアを始めましたが、普段やんちゃな小学生たちも絵本の読み聞かせを食い入るように聞いてくれたそうです。同時に、ストレスの溜まった子どもたちは、相手をしてくれる大人にストレスをぶつけてきます。「バカ」「帰れ」などと暴言を吐く、叩いてくるなどの行為もあります。

　発達に障がいのある子どもは、環境の変化に対応する力が弱く、大勢の人がいる体育館では、日常とはかけ離れた環境にパニックを起こす子どももいました。そのため、家族は他の避難者に気を使わざるを得ず、車の中で過ごした人もかなりいました。

2　震災がもたらす子どもたちへの影響

　被災地の子どもたちは、自らも死に直面する体験をしたり、身近な人の死を経験した子どもも少なくありませんでした。被害者が多く出た地域では、家族のなかで死者が出なかった子どもたちも、親戚、近隣など身近に死という問題に直面せざるを得ませんでした。

　子どもたちは、大人と同様、震災で心も傷つきます。大人のように客観的な判断ができないため、大人以上に傷つくこともあります。同時に子どもの心はしなやかであり、早期にしっかりとした対応をすれば心の傷は早く回復します。

　ここでは震災がもたらす子どもへの影響について述べます。

◉ 津波ごっこ

　2011年の4月頃、石巻市のなかよし保育園の子どもは、救急車などのサイレンが聞こえると、「津波です。津波です。避難してください」と言い出す子どもや、3歳児が遊びの中で突然、「救援物資、救援物資」と言い出すなど、津波や震災に関する言葉が出ていました。このような状況は、他の保育所でも見られました。

　震災の年の8月に石巻市を訪問した学生たちも、避難所の小学校の砂場で子どもと遊んでいる時、じょうろで砂山に水を流しながら、「津波が来ました。津波が来ました」という声を聞いています。また、「何をして遊んでいるの？」という学生の声かけに対して、「死体ごっこ」と答えた小学生もいました。大人の感覚からすれば、不謹慎とも思える行為です。

　本郷一夫らは、2011年5月と2012年2月に仙台市で開催された研修会に参加した143保育所の保育士対象のアンケート調査を実施しました[20]。それによると、震災2か月後の子どもの様子で「現在困っていること」として、「不安・怯え」22例、「地震ごっこ・津波ごっこ」20例、「音への過敏性」11例などが報告されています。

　多くの大人は、いやな出来事があれば、同僚を誘って居酒屋にでも行き、酒を飲みながらぐちをこぼす、カラオケに行きストレスを発散させる、家族と語らい合うなど、解決の道筋を知っています。大好きなペットが亡くなるなどつらい経験をした時も、家族でペットの話題が出ると、思わず涙が出てきたりしますが、やがて語り合ううちにかわいかったしぐさなど、楽しい思い出話に変化していきます。悲しみを共有する親しい人が

いて、つらい思いを語る環境を提供することが大事です。

サイレンなど、何らかのきっかけがあるとスイッチが入ることもあれば、大人から見れば「悪ふざけ」と思われる時もあります。子どもたちは、東日本大震災という大災害を前にして、受け止めきれないトラウマ体験を遊びの中で再現します。それが、地震ごっこや津波ごっこです。

それでは、いつ頃から、子どもたちは津波ごっこをし始めたのでしょうか。現場の保育者の声を聞くと、「1か月くらいたってから」という声を多く聞きました。

震災直後の張りつめた状況では、大人たちのただならぬ様子にじっとしている子どもが多かったようです。その後、大人たちが少しひと段落し始めると、遊びとして津波ごっこを始めたようです。ですから周囲の落ち着きが早ければ、もう少し早い時期から始まるでしょう。

ショックを受けている子どもに対して、震災に関係した遊びを禁止すると子どもたちは恐怖やつらい思い出を心に閉じ込めてしまいます。無理に聞き出してはいけませんが、怖かった思いを遊びで表現している子どもの思いを受け止めてあげることが大事です。

小さな子どもたちは、カウンセリングにもなじみませんので、「先生（お母さん）も怖かったよ。でも、先生たち（お母さん）が守ってあげるから大丈夫だよ」などと伝えると共に、安心で安全な遊びを十分に保障させてあげることが大事です。

また、ほとんど心的な影響が表面化しない子どももいます。大人でもつらいのに、けなげに耐えているとほめたくなりますが、ほめてしまうと「つらい」と言えなくなり、トラウマ体験として心の奥底に閉じ込めてしまいます。すぐに表面化しない子どもは、無理をしなくてもよいこと、しんどくなったらいつでも言ってもよいことを伝えることが大事です。

● 喪失感、無力感、罪悪感

震災の年の8月、第1回目の訪問をした時のことです。避難所の子ども

たちに学生たちが手作りのうちわを配っていると、ある小学生が「お母さんのもちょうだい。でも、お父さんのはいいや。お父さんは、お星さまになったから」と言っていました。

　家や人が津波により流された光景を見た子どもたちもいました（後述）。

　子どもたちとの会話の中でも、「ランドセル以外、全部流されました」など、喪失感を感じさせる言葉を多くの学生が聞いています。

　また、子どもたちは大人以上に視覚や音での影響を受けやすいのですが、震災以降、繰り返し報道される津波被害の映像に子どもたちはさらされました。2次的なトラウマ体験です。

　2011年8月、とどけ隊の学生は、石巻市立蛇田小学校に通う小学5年生（当時）と以下のような会話をしました。男の子2人、女の子3人くらいでトンネルを掘って遊んでいる時、小学5年生のTくんが地面に注いだ水があふれる様子を見て学生に話しかけてきました。

　　Tくん「津波だ！　津波見たことある？　オレ、遊んでいる時、後ろに津
　　　　　波が来てた」
　　学生「テレビで見たことはあるよ」
　　Tくん「オレは、本物を見たことがある」
　　学生「そうなんだー。怖かったね」
　　Tくん「テレビで人が流れているのも見た」

　蛇田小学校区に津波は来ませんでしたが、低地のため側溝などから徐々に水があふれ出し道路が水に浸かりました。Tくんは、その後に繰り返し見た津波の映像と重なって恐怖を感じたのでしょう。

　Tくんは、次の日も、「津波見たことある？」と口にしていました。

　　Tくん「明日来る？　何時に来る？　絶対来る？」
　　学生「来るよ。大丈夫だよ」
　　Tくん「あの世だけは、絶対に行くんでねーべ」

　同じ蛇田小学校で活動をした他の学生は、子どもと泥んこ遊びをしていた時、水が溜まっているのを見て友だちが「津波」の話をし始めました。すると別の子どもが、「津波の話、しちゃいけないんだよ、津波の話すると、本当に津波来るよ」といった言葉を聞き、どう返事をしてよいか戸惑ったと感想を述べています。

　津波で家族や親族、ペットなどを亡くしたり、家やランドセルなどを失くした体験は喪失感や無力感を生じさせることがあります。

　家族や友だちを失った経験は、年齢が上がると共に、「自分だけがなぜ助かったのだろうか」とか「僕がいい子でなかったから、お父さんは（海から）帰って来なかった」という罪悪感を抱くこともあります。

　以下、学生と子どもたちの会話を紹介します。

　南境地区公園仮設住宅で活動した学生は、鬼ごっこの途中で道に座って休憩している時、子どもは2階建ての家を指差して言いました。

　　男の子「あのね、あの家よりずっと高い津波が来たんだよ。ぜんぶ流されちゃった。でもね、ランドセルだけ見つかったんだよ」

　また、同じ南境地区公園仮設住宅で活動した別の学生は、2人の子どもと次のような会話をしました。

　　女の子「Yのねー、お母さんのお母さんの家は、3階まで津波来たんだよ。体操服とかハーモニカとか全部流された。でもね、ランドセルは無事だったんだよ」
　　学生「（傘をさしていた男の子の妹に）その傘、かわいいね」
　　男の子「僕は傘ない。全部流されましたー」

　喪失体験のある子どもは、別れに敏感に反応する子どもがいます。何回目かの活動の時に、「どうせお前らはすぐ帰るんだろ！」と、きつい口調で学生に言った高学年の子どももいます。

　大人も同じように喪失感・無力感・罪悪感を抱くことがありますが、子どもたちは客観的に周囲の状況を見ることが十分にできませんので、自分中心に理解しがちで罪悪感なども抱きやすくなります。

　この思いは、喪失体験をした子どもに限りません。保護者の間で震災のことが話題になると、「私は何も失わなかったから」と、被害に遭わなかったことが罪悪であるかのように思う人もいます。

　私の教え子に宮城県気仙沼市から来た学生がいました。彼女に震災の時の話を聞くと、「私は高いところから港が燃えるのをただ見ていただけだから」と、申し訳なさそうに言いました。

　震災による被害では、家族や家、仕事を失わなかったことは、「不幸中の幸いだった」と言えない状況があることを理解する必要があります。

● 心的外傷後ストレス障害（PTSD）

　阪神淡路大震災の後に知られるようになった言葉の中で「PTSD」があります。心的外傷後ストレス障害のことですが（以下、PTSDとする）、死ぬかと思うような体験（トラウマ体験）をした後で、1か月以上、1）再体験、2）回避、3）過覚醒、といった症状が続く場合のことです。

　もともとは、ベトナム帰還兵の問題としてクローズアップされてきましたが、阪神淡路大震災の時は多くの人が心的な影響を受けました。迫りくる火災の中で、家屋に下敷きになった人を助けることができないなどの体験をしたのですから、心が受け止めきれなくなるのも当然のことなのでしょう。

　PTSDは、子どもも大人も発症することがあります。東北3県では、少なくない子どもたちが家族や友人を災害で亡くしました。津波の被害を直接体験または目撃し、また、家族を失わない場合でも多くの死を身近に感じざるを得ない状況におかれましたので、PTSDまたはPTSDに近い症状が出た子どももいました。

　再体験は、昼間でもサイレンなどを聞いたり、余震で揺れを感じたりす

ると津波の被害に遭った当時の光景がよみがえったりすることです。震災時のことがフラッシュバックするのです。当時の感覚のままよみがえることがありますので、少しの余震でも身体がすくんだりします。サイレンや余震でスイッチが入るという状況です。

　PTSDは、「瞬間冷凍された記憶」と言われることがありますが、大人になってもフラッシュバックすると、体験した時の年齢のように反応しますので、「ギャー」と叫んだりすることもあります。通常の記憶は、自分で思い出すなどできますが、瞬間冷凍された記憶は自分ではコントロールできません。

　また、小さい子どもの場合は漠然とした怖い夢を見たりすることもあります。

　回避は、津波報道のニュース映像を見ることができなくなったり、話題を避けたりするようになることです。ある保育者は、2014年8月20日に発生した広島市の土砂災害について、「テレビ映像で避難所の様子を見ると、震災の時のことがよみがえり息苦しくなり、見ることができなかった」と話されていました。

　地下鉄サリン事件の被害者の中には、事件後、地下街に降りることができない人もいました。これが回避です。

　過覚醒は、余震などを警戒し、常にピリピリしているなどの症状が出ることです。通常、私たちも暗い夜道を歩いている時などで、後ろの方から足音がすれば神経を後方に集中させますが、PTSDの場合はピリピリして夜眠ることができない、過度に神経が張りつめて体調を崩すなどの症状が出ます。

　いずれも人間が本来持っている危険を回避するための自己防衛反応ですが、日常生活に支障が出るようになる状態のことをPTSDと診断します。親から虐待を受けた子どもにも見られます。また、大災害の場合は、消防士や警察官などで人命救助にあたった人の中にもPTSDになる人もいます。みんなでつらさを共有し合う関係作りが大切です。

　当時、なかよし保育園に通っていた3歳児Nちゃんの声です。

　　Ｎちゃん「おねえさん、地震速報の曲知ってる？」
　　学生「知ってるよ、あの音怖いよね」
　　Ｎちゃん「うん、怖い。あれが鳴るとね、グラグラってなってね、危ない
　　　　　からね、Ｎちゃん隠れてじっとするの」

　東北では、子どもたちも保育者も大変な経験をしたのですから、怖かっ
た、大変だったと声に出して言える環境が必要でした。私が出会った多く
の保育者は、「心理カウンセラーから助言を聞いて、津波遊びなどを子ど
もたちがやり始めても否定しないで見守った」と言っていましたが、大事
な対応だと思います。
　また、前述の石巻市のなかよし保育園の大橋元園長は、できる限り保護
者や先生同士で「大変だったね、と声をかけ合いました」と言っていまし
たが、精神的に弱い人だけの問題と思わないで、震災後は保育者同士や保
護者との間で大変さを共有し合う関係作りが必要です。

● 身体症状

　震災による過度のストレスは、下痢や便秘、食欲不振をはじめ、体調の
変調を伴うことがあります。私たちも、日常生活で強いストレスを感じた
時に体調不良になることは経験することがあります。
　また、ぜん息やアトピーなどのアレルギー疾患などは、震災や避難所生
活というストレスで悪化しやすくなりますが、生活環境が安定すると症状
も落ち着いてくることがあります。
　福島県では、放射能の影響を避けるために外遊びの機会が減り、肥満傾
向となった子どもが増えたことが報告されています。
　なお、食物アレルギーの子どもの避難所生活は、症状によっては深刻な
状況が発生します。命にかかわる問題です。代表的な非常食の乾パンは、
保存性がよく調理しなくても食べることができますが、成分の中に小麦粉
だけでなく乳製品を含んでいます。また、支援物資の中には、菓子パンも

多いです。これらの食物に対してアレルギーの子どもは食べることができません。

　非常時だからやむを得ないではなく、食物アレルギー対応の備蓄用非常食も、ごはん、おかず、菓子など色々な種類のものが販売されていますので、保育施設や備蓄倉庫に事前に用意することが必要です。

● 睡眠障害

　ショックな体験の後は、夜間寝付けないことは大人だけでなく子どもも同様です。震災では、一人あたりのスペースも限られたりしてなかなか熟睡できないため、睡眠障害が出やすく、体調不良になる可能性があります。

　また、昼間は元気に遊んでいて特に変化の見られない子どもでも、「夜驚症」（やきょうしょう）といって夜間に怖い夢でも見たのか夜泣きが始まると、１時間おきに目を覚まし泣く子どももいます。安心するようにやさしく声をかけ、抱きしめても寝入るまで泣き続け、しばらくするとまた泣き出すのですから、そばにいる大人もエネルギーが必要です。

　大震災の後は余震も続きますので、落ち着いた環境を取り戻すのも大変ですが、少しでも子どもたちが家族単位の落ち着いた環境で避難所生活ができるように体制を整えることが求められます（142ページ「コラム」参照）。

● 赤ちゃん返り

　年齢による違いはありますが、子どもたちは周囲の状況をよく見ています。不安で甘えたい時でも、大人の余裕のなさを感じ取り、じっとがまんしている子どもは少なくありません。大人が少し落ち着いてくると、思いっきり甘えたいということで、赤ちゃん返りをすることもあります。

　「大きくなったんだから、赤ちゃんみたいなことはおかしいよ」ではなく、甘えてもよい環境を作れば、大きい子どもたちは落ち着いてきます。

　とどけ隊の学生が震災の年に聞いた小学１年生の子どもの話です。

　仮設新境谷地南団地に行って子どもたちと遊んでいると、仮設住宅の近くに住んでいる子ども（Ｙちゃん、小学１年生）がおばあちゃんと一緒に遊びに来ました。子どもたちが遊んでいる姿を見ながら、おばあちゃんがお話を聞かせてくれました。

　　おばあちゃん「地震の後は水が出てきて、この公園もあの柵くらいまで水
　　　　に浸かってたんだよ。５日間は外に出られなくて、２階でずっといた
　　　　んだよね。おいが胸まで水に浸かりながら来てくれたり、家から出る
　　　　時はボートで漕いでいったんだよ」
　　学生「５日間ですか？　それは大変でしたね……」
　　おばあちゃん「大変、大変。しばらくしたらみんなで１階の水を掻き出し
　　　　て、それは大変でねえ。その間、Ｙちゃんはずっと２階で絵とか描い
　　　　てたんだよね。Ｙちゃんは絵を描くのが好きだから。それがね、落ち
　　　　着くとべったりで」
　　学生「Ｙちゃんがですか？」
　　おばあちゃん「そうそう。それまではずーっと１人でいても大丈夫だった
　　　　のに、少し落ち着いたら急に離れなくなっちゃってね」
　　学生「そうだったんですか……。Ｙちゃんも大変な様子を見てがまんして
　　　　いたんですね」
　　おばあちゃん「ほんとにね。１人でがまんさせちゃってかわいそうだった
　　　　よ。でもうちはまだ家があるからね。１階をきれいにするのも大変
　　　　で、おかげで膝に水がたまっちゃってね。抜いてもらって歩けるよう
　　　　になったけど」
　　学生「大変でしたね。歩けるようになってきてよかったですね」
　　おばあちゃん「ほんと、よかったよ」

● 感情調整の難しさと攻撃性

　大人でも不安な時は落ち着きがなくなり、集中力も乏しくなります。

　トラウマ体験が深刻であればあるほど、感情のコントロールがうまくできない子どもと出会うことがあります。私たち大人でも、ストレスが溜まった時は、イライラして他人に当たることがありますが、子どもたちはよけいにストレスを溜め込みます。

　すぐにキレやすく、ちょっとした刺激に過敏に反応する子どもがいます。また、感情調整の難しさは、攻撃性となって現れることもあります。

　ボランティアで被災地を訪問した学生も、遊んでいる時に子どもから、「バカ！」とか、「お前なんか帰れ！」などと言われることも少なくありませんし、理由もなく叩いたりかみつきに来る子どももいます。

　攻撃性が内なる自分に向けられると自傷行為などの形で現れます。

　自己肯定感も低くなりがちです。

● 長期的な影響

　小さな時に被災した子どもが、大人になってPTSDの症状が出ることもあります。それまでは問題のなかった子どもが思春期に入った頃、過去のトラウマ体験の影響から不安定になることがあるのです。

　被災地の子どもと遊んでいると、明らかに震災から来るストレスの影響を受けていると思われる子どもと出会います。この子たちは、乱暴に接してきたりしますので、まわりの大人も対応せざるを得ません。

　一方で、大人たちがパニックになっている時期でも一人でおとなしく遊び、震災の影響もあまり受けていないように思える子どもと出会うことがあります。大人は、問題もなくお利口にしている子どもはほめてしまいがちです。しかし、大震災は大人でもなかなか気持ちの整理がつかない状況ですから、子どもが何らかの影響を受けないことはないと思っていた方が自然です。

　まずは、「ストレスの影響をうまく発散できないでいるのかもしれない」と見て、他の子どもと同様に注意深く見守る必要があります。

3　子どもたちへの支援

● 頑張らないといけないのか

　被災地を回っていますと、保育所や学校などに「頑張って下さい！」と書かれた寄せ書きをよく目にしました。子どもも含む被災した人たちは、通常では出せないほどのエネルギーを出して困難に対処してきました。保育者は、献身的に子どもたちを守りましたし、子どもたちもけなげに耐えました。これ以上頑張れという声かけは、被災者にとって負担となるのではないでしょうか。

　「頑張れ！」という声かけは、これから試合に臨む選手、マラソンを走っている選手にゴールもあと少しだからという時などに有効ですが、被災して頑張りすぎるほど頑張っている人や子どもたちに対しては、「頑張れ」ではなく大変さに共感すること、見守ることが大切ではないでしょうか。被災地の支援を続けていると、「忘れないで来てくれたんですね」という言葉をよく聞きました。根拠のない励ましではなく、小さなことでも構わないので支援を続けること、支え続けることが大事だと思います。

● ニーズに合わせた支援

　被災地のニーズも変化していきます。物資は、今何が不足しているのか、どのような支援を求めているのか、事前にインターネットで調べるか、問い合わせをする必要があります。

　また、震災後は多くの芸能人や特技を持った方が被災地を訪れました。私にも、「特技があるが被災地の子どもたちに披露できませんか」という問い合わせが来たこともあります。プロの歌手が歌を披露するにしても、

場所や機材の確保、観客を集めることなど、現地にはかなりの負担がかかります。アマチュアの場合、自分の特技で支援したいという気持ちはよいのですが、被災者のニーズに合っていなければ自己満足の発表会になってしまいます。受け入れ側の負担も常に考える必要があります。

● 情報の伝え方

　幼児期や低学年の子どもたちは、言語的な理解が十分でないため、映像からの影響も受けやすくなります。2次的なトラウマです。

　前述の石巻市蛇田小学校の子どものように、実際の体験に加えて、繰り返し津波被害の映像を見ることにより、「津波が追っかけてきて怖かった」と、疑似体験化している子どもも見られました。

　子どもたちが津波被害の映像を見ざるを得ない場合は、「あなたたちは、先生たち（保育者）が守るから、安心してね」ということをしっかり伝える必要があります。

● 否定しないで耳を傾ける

　大人から見れば、あれほど多くの人が亡くなったのに、子どもたちが「お葬式ごっこ」をすることは不謹慎とも受け取られかねません。

　子どもたちは、周囲の人の死に直面し受け止めきれないでいるからこそ、「お葬式ごっこ」や「津波遊び」をするのですから、叱ることはトラウマ体験を心の奥底に閉じ込めることになる可能性があります。

　また、トラウマ体験をした子どもの中には怪獣と正義の味方が戦い、正義の味方が負けるという遊びをする子どももいます。その子の心の中に、正義の味方がいなくなってしまい、心の中の安心感が崩れ去っているからです。そのような場面に直面したら、十分に子どもの不安な思いを聞いた上で、上記と同様に「怖かったね。先生もびっくりしたよ。でもみんなのことは先生たちが必ず守るからね」と伝えれば子どもたちは安心します。

子どもたちとカルタをして遊ぶ学生たち

　安心で安全な環境で子どもたちを見守る保育者（保護者）がいる中で十分に遊びきらせれば、子どもは落ち着いてきます。大人が動揺しないで見守ることが必要です。

● 遊びの場の確保

　保育者や小学校高学年以上の子どもは、カウンセリングにも比較的なじみやすい場合がありますが、幼児期の子どもたちは遊びの中で恐怖や不安感を表します。

　また、大きな声を出して笑うことも少なくなることから、意識的に遊びの場の提供が必要です。幼児期の子どもたちにとっては、安心できる大人がそばにいて、思いっきり遊ぶ機会を保障させることが、最大の心のケアとなります。幼児期の子どもたちに対する心のケアは心理職だけが行うものではありません。

園庭の木陰で泥団子作り

　遊びは特別なものでなくても構いません。普段はコンピューターゲームをしている子どもたちも、例えば、石ころや新聞紙だけでも遊べる遊び方を教えれば喜んで遊びます。安心、安全な状態で継続的に十分に遊んだ子どもたちは、本当に落ち着いてきます。

● メリハリのある接し方

　震災後の１・２年間は、鉛筆で目を突こうとしたり、叩いてくる子ども、ボールを思いっきり投げつけてくる子どももいました。子どもに攻撃性のスイッチが入ると歯止めが利かなくなることがあります。歯止めが利かない状態で叱っても、子どもは反発するだけです。子どもが興味を持つ遊びに誘うなど、気持ちを切り替えるきっかけを提供することも大切な支援です。

　攻撃性の強い子どもたちに対しては、「あれほど過酷な体験をしたのだ

から」と無条件で受け入れてしまうことがありますが、安心感を伝えることと暴君のように振る舞うことを容認することは意味合いが違います。大人が余裕を持って、「痛いことは止めようね。叩いたりしないで、サッカーをして遊ぼうか」など、気持ちを切り替えるために別の遊びに誘導すればよいでしょう。

　叩いてくる子どもはストレスを溜め込んでいるわけですから、発散させる遊びを提供してください。ストレスの溜まった子どもに対して、にじいろクレヨンの柴田さんは、ベニヤ板に粘土をぶつけさせたり、紙に自由に絵の具を塗りたくらせてストレスを発散させたそうです。

　安心感を与える言葉がけをしながらも、遊びにはルールがあり、共同の遊びをした方がもっと豊かな遊びに展開することを示すことも大事なことです。

● 影響をあまり受けていないと思われる子どもへの支援

　長期的な影響のところでも書きましたが、震災後、ちょっとしたことでいらだつ子どもだけでなく、けなげに涙も出さないで頑張っている子どもも見かけます。確かにストレス耐性は人によって違いますし、支えてくれる人がいたかどうかなど、周囲の状況によっても違います。

　しかし、大震災を経験した子どもたちにとって、大震災の経験は過酷ですし、後から繰り返し流されるテレビ映像からも2次的な影響を受けます。

　トラウマによる影響は、どの子どもに出てもおかしくありませんし、思春期や成人してから出る可能性もあります。トラウマ体験を閉じ込めてしまうと、大人になってからも深刻な影響が残る可能性があります。

　子どもへの声かけとして、おとなしくしている子どもに対しては、「お利口さんだね」ではなく、「怖かった」と言うことができる雰囲気作りが必要ですし、その気持ちを受け止めてくれる大人がいることが求められます。そして、再び震災が起こっても、周囲の大人たちが守ってくれるという安心感を伝えていく必要があります。

4　保護者・保育者への支援の大切さ

● 保護者への支援

　保護者への支援も一律とはいきません。家族や親族の誰かを失った人、それに加えて家も財産も仕事も失った人、そして震災を体験しながらもとりあえず人や物は失わなかった人など様々です。

　子ども以上に喪失感を感じることもありますし、もっとあの時、こんなことができたのではないかと思うこともあります。

　前述のように、震災後、1年以上たったあたりから、「私は何も失わなかったから」という声を聞くことがありましたが、その声は今でも時々、聞くことがあります。大切なものを失わなかった人も、すべてを失った人と比較して罪の意識を感じてしまうのです。

　また、震災という究極の危機は、家族の絆を強くするだけでなく、ちょっとした行き違いを表面化させることもあります。震災後1年を経過した頃から、東北の保育関係者から離婚問題を抱えた家族が多くなったと聞くようになりました。

　体育館などでの避難所生活の時は、みんな厳しい条件という一体感が生じやすいのですが、震災後は収入面などの格差もよりいっそう出てくることから、保護者間の微妙なずれも生じやすくなることを考慮していく必要があります。前述の通り夫婦間のずれから離婚問題を抱えた家庭も出てきます。

　一例を紹介します。遠藤未希さんは、宮城県南三陸町の防災対策庁舎で最後まで避難を防災放送で呼びかけ津波に飲み込まれました。

　現在、未希さんのご両親は、民宿「未希の家」を営業されており、2度、とどけ隊の学生たちと宿泊しました。未希さんのお母さんは、あなた

遠藤さんご夫婦と学生　民宿「未希の家」にて

　の娘さんは有名になってよかったというようなことを言われ、深く傷つ
き、外出することも怖いと思う時期があったそうです。英雄のように思わ
れなくてもよいので、「未希には、生きていてほしかった」と言われてい
ましたが、被災者同士でもすれ違いが生じます[21]。

　その人たちが同じ保育所・幼稚園に通ってきます。お互い様とは言えな
い雰囲気が生じやすくなりますので、保育者の側から意識的に保護者に声
をかける、保護者会で話題にするなどが必要です。

　また、避難所から仮設住宅に移ると、多くの場合は抽選に当たった人か
ら入居するため、別々の地域の人同士が長屋生活をすることになります。
すべてを失っても生活保護が受給できれば生活は成り立ちますが、誰もい
ない狭い空間でテレビを見ているだけの生活しかできない単身者もいま
す。生活保護を受給しているのに酒を飲んでいる、パチンコ屋に入り浸っ
ていると非難の声にもさらされます。

　学生たちの活動の中では、「何もなくなったが、子どもたちの笑顔と笑

い声はいいな」といった高齢者の方の声も聞かれました。被災した地域を明るくするためにも、子どもたちが生き生きと輝くと共に子どもと高齢者が集う企画も必要です。

● 保育者への支援

東日本大震災の被災地の保育者は、地震の発生時に自己犠牲をいとわず子どもたちを守りました。自らも被災者であるにもかかわらず、子どもたちや保護者の支援や保育所・幼稚園の再開にかかわった人もたくさんいました。特に、公務員の場合は、保育所が閉鎖されている間は、避難所等で被災者の支援にあたることになります。自ら被災しながら、被災者の苦情にさらされなければならないこともありました。

また、保育中の子どもの命を守りながらも、迎えに来た家族に引き渡したばかりに津波に飲み込まれ園児が死亡したケースもあり、「なぜあの時、引き止めなかったのか」と、自責の念にとらわれることもあります。子どもたちの前では、笑顔を見せなければならないため、保育者は弱音を言えず、無理をしすぎることもあります。

身近な死に直面したり、子どもたちの命を守らなければならない保育者の重い使命感などから、「もう保育の仕事を続けられない」と思った被災地の保育者は少なくないようですし、保育の現場を離れた保育者もいました。また、保育が再開し、子どもたちの笑顔を見て、「やはり私らは、保育士なんだ」と元気を取り戻した保育者もいました。

保育者同士が、カウンセリングの場だけでなく、お互いのつらさや弱音を出し合える場を確保することが必要です。

同時に、保育者の待遇面も含めた地位を向上し、社会的にもっと評価することも必要です。

第3章

被災地と向き合った保育学生たち

1　保育学生によるボランティア──活動の概要

● 2011年3月11日

　2011年3月11日、午後2時46分、東日本大震災が発生した時、筆者は名古屋市内の児童養護施設を訪問していました。ゆらゆらと大きく揺れて、最初はめまいがしているのではないかと思いましたが、やがて地震であることに気づきました。

　当時、私は名古屋短期大学保育科に教員として在籍していました。

　大学は春休み中ということもあり、連日、報道される東日本大震災に関するテレビ報道を食い入るように見ていました。

　テレビの映像では保育所の様子は報道されませんが、現場の先生たちも命がけで子どもたちを守っているのだろうと思うと、いたたまれない思いをするしかありませんでした。

　名古屋短期大学に来る前の3年間、福島県いわき市の東日本国際大学で教えていましたので、東北には知り合いもいます。教え子や元同僚などの安否も気になりますが、電話も通じません。

　やがて、テレビ報道でも避難所で困難な生活をする人たちが紹介されるようになりましたが、映像で見る限り、避難所には子どもたちの遊び場が

確保されているとは思えませんでした。多くの親は仕事を失い、大人たちは、行方不明の親族の捜索や自宅の片付けなどで子どもに向き合う余裕がないはずです。

　震災により、小さな子どもたちの心は大人以上に傷つきます。カウンセリングになじむ前の低年齢の子どもたちは、遊びを通して心の傷を癒すのに、テレビで見る限り体育館でのすし詰め状態の生活では、子どもたちは十分に遊べていないと思われました。

　その年の3月は、卒業式や学生たちを連れてベトナムの子どもの施設で行うボランティア活動などの企画が続いており、身動きが取れない状況でした。テレビの映像を見ながら、夏休みには時間的な余裕ができるため、学生を連れて避難所の子どもたち対象の保育ボランティアを行おうと決意しました。

● 初めての被災地

　やっとゴールデンウィークに休みが取れましたので、一人で東北まで車を走らせました。以前は、いわき市まで7時間程度で通えた道ですが、東北自動車道は福島県内に入ると地震の影響により、波打っていました。自衛隊、警察、工事関係の車両も多く、いわき市に到着するまで、10時間以上かかりました。

　駅前のホテルは、エアコンは止まっていましたが、宿泊の受け入れは再開していましたので、宿泊して市内を回りました。訪問の目的は、知り合いの安否確認と保育学生のボランティア先を探すことです。教え子にも会え、教え子や知り合いは、無事であることが確認できました。

　次に、ボランティア先の確保ですが、いわき市の元保育所長の佐野法子さんにお会いして様子を伺いました。

　佐野さんの話では、いわき市にも災害復旧のボランティアはたくさん入っているが、福島第一原子力発電所の水素爆発以降、県外に子どもを連れて逃げ出している人が多いこと、放射能の影響が心配で外では子どもた

ちは遊べない状況であること、さらに放射能の情報もはっきりと知らされていない現状では若い女子学生の保育ボランティアは無理ではないか、ということでした。

佐野さんから、仙台市の保育所を紹介していただきました。

いわき市から仙台までの最短ルートの国道6号線は、福島第一原子力発電所の事故により通行ができません。東北自動車道まで戻り、仙台市に移動しました。道路事情はいわき市よりもさらに悪く、仙台市から名取市などの海岸沿いの道路を回ると、道路には漁船が片付けられないままの状態で放置されているという状況でした。

紹介されて訪問した朝市センター保育園は、仙台駅近くの市場の上の階にある認可外の保育施設でした（現在はNPO法人を取得され認可保育所となっています）。佐野さんから紹介されて来たこと、保育ボランティアに入りたいことを伝えました。丁寧に対応していただき、宿泊の受け入れも可能ということでしたが、マイクロバスを止める駐車場の確保や園が狭く宿泊に適さないことなどからあきらめました。

朝市センター保育園の先生から仙台市の北の塩竈市の方が活動できるのではないかというアドバイスをいただき、私立あゆみ保育園を紹介していただきました。

向かった先のあゆみ保育園は、園庭まで水に浸かったものの園舎や子どもたちは無事で、保育も再開していました（前述）。

長沼千恵園長（当時）の話では、避難所の子どもたちのことは気になっているが情報が入ってこないとのことでした。私たちのボランティア活動にも理解を示していただきましたが、宿泊設備の関係で断念しました。

結局、時間切れで名古屋に引き上げることにしましたが、長沼先生より、塩竈市以上に被害の大きかった石巻市の私立なかよし保育園に相談してはどうか、というアドバイスをいただきました。

なお、あゆみ保育園は、その後、学生の活動場所として受け入れていただき、6年間の交流が続きました。

名古屋に戻り、紹介されたなかよし保育園の大橋巳津子園長（当時）に

電話を入れました。

福島県からのリレーで紹介していただいて電話したこと、夏休みに保育学生を連れて避難所で保育ボランティアをしたいが宿舎が確保できないことを伝えると、二つ返事で「2階にある子育て支援センターで宿泊するだけだったらどうぞ」と、快諾を得ました。

次は、活動する避難所の選定です。

石巻市の被害が大きいことはニュースで確認していましたが、どこの避難所で保育ボランティアの活動を受け入れてくれるのかは皆目見当がつきません。ほとんどの避難所に子どもはいるはずですが、どこの避難所に行けばよいのか、避難所での保育ボランティア活動の受け入れは可能なのかなどがわかりません。

石巻市災害ボランティアセンターに何度か電話して、やっと連絡が取れました。センターの担当者は、「がれき撤去の作業に手一杯です。避難所の子どもたちのことは気になってはいますが、手が付けられない状況です。柴田滋紀さんという人が石巻こども避難所クラブ（現・NPO法人にじいろクレヨン）という団体を作り活動を始めているので、柴田さんに相談してみてください」というアドバイスをいただき、連絡先を教えていただきました。

柴田さんに電話をしたところ、避難所の子どもたちに遊びの機会を提供するための活動を始めたばかりだが、学生を受け入れることは可能ということでした。やっと宿泊先と活動場所の目途がつきました。

● 訪問の準備

その頃、大学の学生たちは募金活動には取り組んではいましたが、特に大がかりなものではなく、学内で学生と教職員を対象に募金を集める程度でした。

5月に入り、保育専攻科の学生数名が研究室に来ました。専攻科の学生は、短大を卒業した後に進学し、保育所で週2日間の実習をしながら、幼

稚園教諭一種免許状の取得を目指している学生たちです。保育士資格は取得済みです。

「私たちも東北の人たちに何かしたいのですが、募金以外に何かできることはないでしょうか」という相談でした。専攻科の学生だけで話し合っていたものの、何ができるのか、どうすればよいかもわからないということでした。

私は、「宮城県石巻市の保育園に泊まり込み、避難所の子どもたちに保育で関わるボランティアの派遣を考えている」ことを伝えました。

すると、学生たちから「ぜひ、私たちに行かせてほしい」と申し出があり、このメンバーを中心に訪問グループを組むことにしました。専攻科の2年生9名はまとまりもありますし、4年間教えてきて信頼関係もできています。これで核になる即戦力のメンバーが確保できました。

専攻科2年生を中心に準備活動を開始しました。

ボランティアサークルの名前は、学生たちが「みんなに笑顔をとどけ隊」と決めました。

次の課題は、追加メンバーの選定、車両と費用の確保、活動資材の確保、募金・救援物資集め、保育園に寝泊まりして自炊生活するための資材の準備です。

6月に入り、東北にボランティアを派遣することを公表すると、1年生だけで100名以上の希望者が出ました。マイクロバスに乗れるのは、運転手2名、引率教員2名を除くと学生は19名です。結局、専攻科の1・2年生を中心に保育科の2年生を4名入れることにして、人数の関係で行くことができない学生は他の団体が行う震災ボランティア活動を紹介しました。全訪問メンバーが確定したのは、7月1日です。

メインの活動は、避難所の人たちや子どもたちにカレーライスを提供しよう、などと話をしていました。

7月中旬、私が石巻市を訪問し、宿舎となるなかよし保育園を見せていただき、設備などを確認しました。また、柴田さんとお会いし、ボランティア活動の打ち合わせをしました。

　柴田さんの話では、タレントやボランティアはたくさん来るが、子どもたちとずっと関わってくれるボランティアが少ないこと、年配の方は芸能人の慰問を喜ぶが、子どもたちはイベントではなく普通の遊びを求めているということでした。

　短大に戻り、学生たちに柴田さんの思いを伝え、方針変更です。イベントではなく、子どもたちと普通の遊びで関わる準備に切り替えました。

　学生たちは、避難所でどのような遊びができそうかという検討を始めると共に、募金活動や避難所生活をしている被災者の人に配るうちわの作成を学生に呼びかけました。

　残った大きな課題は、活動資金と車の確保です。車両は、大学のマイクロバスを無償で提供してもらうことにしても、マイクロバスの運転は大型免許証が必要ですし、東北まで行こうと思うと、安全面を考慮して運転手は２名の乗車が必要です。試算すると、１回の訪問で、運転手の人件費や宿泊費、必要経費を含めるとおおよそ50万円ほどが必要になります。

　６月、大学からマイクロバスの提供と運転手２名の人件費などの経費を負担していただけることになりました。さらに大変だったのは、運転手の宿泊先の確保です。ホテルは津波の被害で営業していなかったり、営業していても工事関係者が長期宿泊していて部屋が空いていないのです。

　７月中旬に石巻市を訪問した時に、市内で営業を再開していた全宿泊施設に当たりましたが、すべて満室でした。隣の東松島市にも足を運び、歩いて民宿などを回りましたが、こちらも工事関係者が長期に滞在しているため確保できず、結局、７月下旬になり松島町の旅館を確保することができました。これで訪問に向けた障壁がすべてなくなりました。

　食事などのボランティアのメンバーが生活面で使う費用は、寄付金や補助金は使わないで参加者が負担するというルールにしました。

　以後、筆者が名古屋短期大学を退職する2017年３月まで、とどけ隊として、夏休み２回と３月の年３回、計18回の石巻市訪問と３回の被災地訪問ツアー、愛知県内での活動を企画しました。また、野津ゼミナールの震災と保育グループととどけ隊の共同企画として、４回の福島訪問を行い

ました。東北への訪問だけで、6年間で延べ4か月を超える活動のスタートです。

● 18回の訪問活動

　学生たちと訪問することになった石巻市ですが、被災する直前の人口は162,822人（2011年2月現在）で、宮城県では仙台市に次いで人口の多い市ですが、現在の人口は145,731人（2017年3月1日現在）と、震災後に2万人近く減少しています。

　地理的には、仙台市の北にあります。北上川の河口に位置し、サンマなどの漁業が盛んな街です。

　今回の震災ではリアス式海岸の町々が壊滅的な被害を受けましたが、石巻市は仙台湾に続く石巻湾に面しており、平地も多いことから最も人的な被害の大きかった自治体です。

　2017年3月1日現在の死者数は3,278人（直接死のみの数字）、行方不明者数は426人、計3,704人です。今回の震災による犠牲者数では、全体の約5分の1を占めました。

　また、住宅・建物の被害では、全壊、半壊合わせて22,419か所に上りました。沿岸部並びに河口付近には、8.6メートル以上の津波が押し寄せ、2階建ての建物の屋根を越す津波と津波火災により壊滅的な被害となりました。

　さて、訪問活動ですが、第1回目の訪問を決めるまでは、次回以降の訪問をどうするかは決めていませんでした。準備活動をする中で、1回だけの活動ではなく、東北の子どもたちに継続して支援をしなければいけないと思うようになりました。

　活動内容も当初から保育ボランティアに絞りました。

　夏休みに2回と春休みの1回の訪問活動を中心に、愛知県内に被災地の現状を伝えることなど、できる限りのことをすることにしました。年3回の訪問となれば、継続した活動と言っても間隔があきすぎます。様々な問

題を抱えた子どもたちの支援に責任を持てる活動とはとても言えません。私たちは、避難所、仮設住宅での活動は地元で活動しているにじいろクレヨンのサポートをしていくことにしました。ですから、活動場所も石巻市中心に絞りました。

第1回目の訪問の準備をする中で、活動場所、宿舎、車両の目途がつきましたが、最大の問題は資金の確保です。大学だけでなく、名古屋短期大学同窓会にも支援していただき、学生メンバーも募金活動に熱心に取り組みましたが、3年目くらいまでは年度末はいつも赤字でした。

当初は共同募金会からの支援、後半は住友商事の支援を受け、そして大学の支援が継続して得られるようになり、やっと安定して活動ができるようになりました。

短期大学の活動ですから2年間で全メンバーが入れ替わります。初期の活動は、訪問するだけで感謝されましたが、被災者の生活が安定してくると、ただ訪問するだけのボランティアでは評価はされなくなります。2年目の夏に訪問したメンバーは、その変化を感じ取り、「私たちの役割は終わったのでは」という声まで出始めました。

しかし、震災が子どもたちに与えた影響は、1～2年で解決する問題ではありません。

私たちは、新たに東北の保育者も注目するレベルまでボランティア活動の質を上げようという目標を立て、保育、音楽、造形が専門の保育科教員に協力をしてもらいました。遊びや歌の指導、メイン企画の「はらぺこあおむし」の大道具、小道具の作成などを専門の教員がサポートをしてくれました。

学生も、遊びの練習だけでなく、挨拶から掃除までしっかりとやりきるトレーニングを行いました。訪問中は、夜遅くまで反省会を行い、問題点はその日のうちに解決しました。

ここからは、すべての活動を紹介することはできませんが、参加した学生の声を中心に、保育学生が変わりゆく被災地にどのように向き合ったのかを紹介します[22]。

荷物をいっぱい詰め込んで被災地に向かう

2　子どもたちの輪の中へ──活動開始

● 第1回目の訪問

　2011年8月1日朝8時、マイクロバスにサッカーボール300個などの救援物資や自炊道具など、マイクロバスの通路や足元まで荷物を詰め込みました。専攻科と保育科の2年生のほとんどは、前日に公務員採用試験の筆記試験を受けていましたので、かなり疲れていたはずです。

　同行教員は、学生からも信頼の厚い岡林恭子先生にお願いしました。幼稚園の園長の経験もあり、保育面での指導もできる方です。以後、4年間にわたり年2回の訪問に同行して学生たちを支えていただきました。

　出発当日、19名の学生と2名の教員は補助席もすべて使い、石巻市に向

運転を担当してくださった石黒さん（左）と松本さん

け11時間の旅をスタートしました。

　運転を担当したのは、大学が委託している会社から派遣された方ですが、特に、石黒さん、松本さんはほとんどの訪問の運転を担当していただきました。お二人はチームとどけ隊の一員のような存在で、新人メンバーの教育係のような役割まで果たしてくれました。

　石巻河南インターを降りてから、学生たちは、車窓から食い入るように街の様子を見ていましたが、インターから保育園までの道は海から離れているため、シャッターの閉じられた店が見られるものの、津波による大きな被害は見ることはありませんでした。11時間の長旅を終え、夜7時になかよし保育園に到着です。

　早速、宿舎として提供していただいた2階の子育て支援センターに荷物を運び、大橋巳津子園長の歓迎兼震災時の保育園の話を聞かせていただきました。震災時の話を聞き、学生メンバーはいよいよ被災地に来た実感がわくと共に身の引き締まる思いをしました。

食材を現地購入し、なかよし保育園をお借りして自炊

　到着後、石巻市の川開きの企画の一つである花火大会を見に行きました。花火大会については、震災の年ということで実施するかどうか判断に苦しんだそうですが、鎮魂の意味も込めて開催が決定されたそうです。

　きれいな花火でしたが、もの悲しい花火を見たのは初めてでした。津波で壊滅状態となった旧北上川の中州から打ち上げられる花火を被災された方たちはどのような思いで見ているのだろうと思うと涙が流れてきました。

なかよし保育園での活動

　午前中の活動は、なかよし保育園の子どもたちとの交流です。なお、2015年からは、塩竈市のあゆみ保育園、女川町立第一・第四保育所と子育て支援センター、石巻市立井内保育所、にじいろクレヨンののくのくハウスなどの協力を得ながら午前中の活動を継続しました。

　さて、なかよし保育園ですが、震災時に床上まで浸水したこともあり、側溝などから鼻を突くような匂いがしていました。学生は、各クラスに入

子どもたちの前で大型絵本を読んでみる

りボランティアをしました。第1回目のメンバーは専攻科中心でしたが、学生はすでに保育士資格を持っていますし、週2日は保育所で実習をこなしていますので、即戦力になります。追加募集した保育科2年生も優秀な学生を選抜しましたので、すぐに子どもたちの輪の中に入れます。

　また、全員で練習した大型絵本『はらぺこあおむし』（作：エリック・カール、偕成社）の合唱バージョンを園児の前で披露しました。なお、「はらぺこあおむし」は、その後もバージョンアップをしながら、訪問活動だけでなく、愛知県内のイベントなどでも披露しました。

初めて見る被災地

　午前中の活動を終え、夕方の避難所の活動まで時間がある時は、被災地を訪問しました。最初に訪問したのは、最も被害の大きかった石巻市門脇地区など海沿いの被災地です。私が以前訪問した時よりは少しは片付いていたものの、あまりにもひどい光景に元気な学生たちも口を閉ざし、呆然

初めて見る惨状に声を失う

として目からは涙がこぼれ落ちていました。みんな声も出ないほどの
ショックを受けているのが表情からわかります。

　ある学生は、その時の感想を「私たち学生一人ひとりがそれぞれいろん
な思いを胸にボランティアに参加する中で、私はテレビ画面からでは伝わ
らない現地の思いや状況を自分の目で感じたい、そして何よりも、被災さ
れた方の力になりたいと強く思ったため参加しましたが、実際に被災され
た場所に行くと、見た瞬間、目から涙がこぼれ落ちました」と語ってくれ
ました。また、別の学生は、「私は、倒壊した建物や町並みを見た時、そ
こにはそれぞれの生活や、大切な宝物があると感じました。毎日、家族と
笑い合った自分の居場所や大切な人を、突然失くす深い悲しみは、想像を
超えるものだと思います」と語っています。

避難所での活動開始

　午後のボランティア活動は、学生を3名から4名の6グループに分け、

大きなシャボン玉を作る

　毎日、同じメンバーが同じ場所に入りました。避難所は4か所で6月頃より建ち始めた仮設住宅にも2か所入りました。

　避難所は、家庭ごとに仕切られてはいましたが、プライバシーなどない状況です。避難所によっては、体育館の舞台を子どもの遊ぶスペースとして使ってもよいと言われていましたが、子どもたちも体育館で生活している人に迷惑がかかることはわかっていますので、外遊び中心です。

　仮設住宅では、1か所は集会場が使えて室内遊びも取り入れましたが、もう1か所の仮設住宅では子どもたちと道路や空き地で遊びました。当初は、近くに店もなく、トイレにも行くことができない中での活動でした。

　ボール遊びや縄跳びなど、ごく普通の遊びですが、大きなシャボン玉作りは好評でした。

　子どもたちは、遊びを通して震災の話もしてくれました。

　前にも紹介したように、ある子どもは、鬼ごっこの途中で休憩している時、2階建ての家を指差して、「あのね、あの家よりずっと高い津波が来

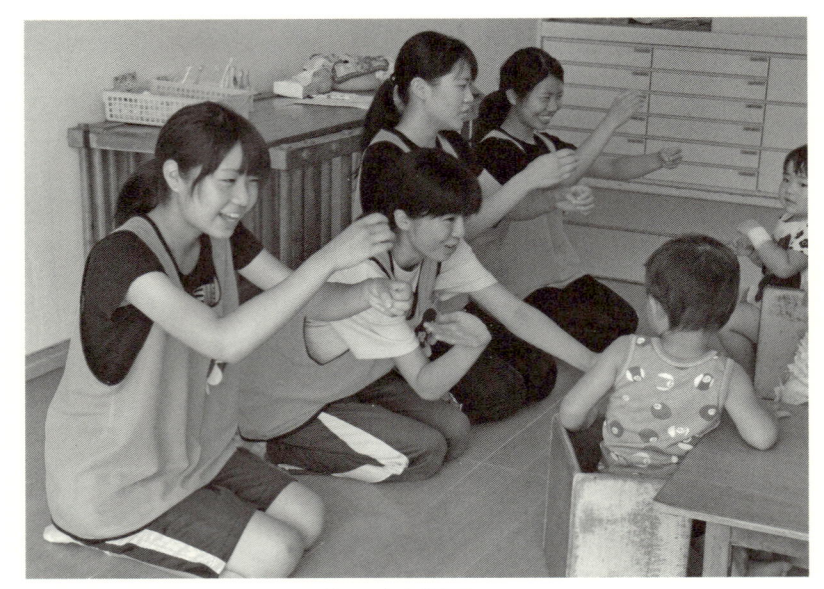

持てる力を総動員して

　たんだよ。ぜんぶ流されちゃった。でもね、ランドセルだけ見つかったん
だよ」と話してくれました。また、別の学生が、子どもに「いつもは何を
して遊んでいるの？」と問いかけたところ、ＨくんがＲちゃんに向かい、
「いつも死人ごっことかやっているよね！」と言いました。

　学生には、ボランティアの側から震災や家族については質問しないこ
と、ただし子どもたちから話が出たときは否定しないで話を聞いてあげる
ことを伝えていましたので、学生たちは震災の話にショックを受けながら
も冷静に対応しました。

好評だった手作りうちわ

　とどけ隊のメンバーとして訪問できない学生に対して、避難所の中で困
難な生活をしている人たちに手作りうちわを届けたいと呼びかけたとこ
ろ、320名の学生が協力してうちわを作ってくれました。短期間の呼びか
けでしたので、どれだけ協力してくれるのかわかりませんでしたが、当時

避難所で手作りうちわを配る

　の保育科の学生数は、1・2年生合わせて520名ほどですから、過半数の学生が協力してくれました。家庭にあるうちわの紙をはがし、新しく紙を貼り、そこに新たに絵を描くというものです。

　多数集まると、今度は被災者の方が喜んで受け取ってくれるのか、余らしても捨てて帰るわけにもいかないということで、不安になりました。

　実際に訪問すると、学生たちが子どもにも協力してもらい避難所で生活する人たちや仮設住宅の各家庭に配りましたが、涙を流して受け取っていただけるなど大変好評でした。避難所や仮設住宅に見ず知らずの学生が入るわけですが、被災者の方と話をするきっかけ作りにもなりました。

　蛇田北部2号公園仮設住宅で活動した学生と5歳の男の子との間では、こんな会話がありました。

　学生「この中から好きなうちわ持ってっていいよ」
　子ども「お兄ちゃんの分もいい？」

学生「うん！　家族みんなの分いいよ」

子ども「……うーん。みんないないー」

学生「え？」

子ども「うちわ……うーん。いいー」

学生「そっかぁ。また明日も来るから欲しくなったら持ってっていいから
　　　ね。暑いしね」

子どもと2人で外で遊んで、少したってからも会話は続きました。

子ども「やっぱり、いるー」

学生「うちわかな？」

子ども「うん……」

学生「好きなの選んでいいよ」

子ども「あのねー。お父さんいないからねー。4枚いいー？」

学生「全然いいよ！　どのうちわがいいかな？」

子ども「あのねー。お父さん、津波でざぶんなってお星さまになっちゃっ
　　　たのー。だから、うちわいらないよ」

学生「そうなんだぁ。おねえさんに色々お話してくれてありがとうね」

子ども「うん！　お母さんは猫好きだからこれ！　お兄のはこれで……」

学生たちの心のケア

　第1回目の訪問を終え、次回の準備に取りかかっていた時のことです。

　ある学生が、「被災地ではあれだけ悲惨な光景を目にしたのに、名古屋
に戻ってくると普通の生活をしている自分がいます。私たちのやったこと
は、本当に被災地の子どもたちの役に立ったんだろうかと思うと涙が出て
きます」と語ってくれました。

　私は、「私たちの活動はたったの4日間しかなかったよね。子どもたち
のこれからの人生に責任が持てるわけでもないし、4日間では子どもたち
の心のケアができたとは言えないね。それでも後輩たちにバトンをつなぎ

ながら訪問を続け、子どもたちに震災では色々なことがあったけれど、夏休みには名古屋からオレンジ色のビブスを着たおねえさんたちが来てくれて、いっぱい遊んで楽しかったなと思ってもらえればよいと思います」と答えました。

ボランティア活動をする学生たちの心のケアをすっかり忘れていました。

第2回目の訪問からは、毎晩、どんなに疲れていてもミーティングを行うことにしました。子どもから、「どうせ、お前らはすぐに帰るんだろ」と言われて泣き出す学生もいましたし、仮設住宅で生活する大人の人に声がかけられないという悩みを打ち明ける学生もいましたが、一つ一つの悩みをその日のうちに解決するようにしました。

● 仮設住宅の人たちとの交流

第2回目以降は、完全に仮設住宅での活動になりました。避難所も残っていましたが、子どものいる家庭は仮設住宅に移っていきました。

仮設住宅に移り、生活は落ち着いたように見えますが、子どもや家族も様々な問題を抱えています。第2回目の訪問で仮設新境谷地南団地で活動をした学生は、子どもたちが他の学生と遊んでいる様子を眺めながら仮設で生活する住民と次のような会話をしました。

おじいさん「なーんもすることがなくて退屈だけど、子どもの声がすると
　　　　　いいなぁ」
学生「子どもたちみんなすごく元気ですよね」
おじいさん「ああ、孫がふえたようだよ。ここにいると本当にやることが
　　　　　ないからなぁ」
学生「そうなんですね、よろしかったらおじいちゃんも一緒にどうです
　　　か？」
おじいさん「いやいや、わしはもう年だから」
学生「じゃあ、またちょっとだけでも顔だしてくださいね！　そういえ

ば、私今日高いところからこの街の景色見てきたんですけど、自然が
いっぱいですごくいいところですね」

おじいさん「そうだぁ。ほんとにいいところなんだ。でも、前はもっと綺
麗だったんだよ。全部流されたからなぁ。こんなことになってな。わ
しはもう先が短いけど、あの子たちは大変だなぁ。大変な思いをいっ
ぱいするんだろうなぁ。全部流されたけどな、子どもたちはこの街の
希望だ。ここの子どもたちはこうやって遊んでもらえて幸せだなぁ」

同仮設住宅で別の学生が第1回目の訪問で聞いた若いお母さんの話です。

お母さん「当時3か月だった息子と一緒に車に乗っていて、車ごと津波に
のまれ、流されてしまいました。運よくどこかの住宅に突っ込んで、
そこからは流されずに済んだけど、そのまま車は水の中に沈んでいき
ました。私は気を失ってしまったのですが、この子の泣き声で気が付
き、救助を待つことができました」※話を聴いた印象では、やっぱり
すぐには救助が来なかった（1日後とか？）ようでした。

お母さん「この子が助けてくれた。きっと（地震で）亡くなったおばあ
ちゃんが守ってくれたんだね」

蛇田北部2号公園仮設住宅で活動した学生は子どもの母親から次のよう
な言葉を聞きました。

お母さん「（石巻の人は）言葉がとてもなまっているでしょう？　この辺は
あまり被害はなかったんだけど、川沿いの方がね……。私も実際に友
だち亡くしたし、さんざん泣いた。子どもも最初は揺れるたびに怖
がったけど、大分落ち着いたしね。でもこうやってボランティアの方
にたくさん来てもらえてありがたいよ」

第2回目の訪問でも同じような声を聞きました。

　仮設新境谷地南団地で活動した学生は、仮設住宅で生活する子どもと次のような会話をしました。

　子ども「大きな音で聴いてると、お母さんに怒られるんだよ」
　学生「どうして怒られるの？」
　子ども「だって、仮設は壁薄いから。○○（名前）の部屋は、端っこだから隣りに聴こえちゃうの。前は、カラオケよく行ってたけど、震災後は行ってない」
　学生「そうなんだ。誰と行ってたの？」
　子ども「家族だよ。でも、カラオケ屋さんは、津波で流されちゃったんだよ」

　学生たちは、子どもたちの笑顔が「この街の希望だ」と思っていただけるよう、子どもたちが笑顔いっぱいになれるよう、もっともっと遊ぼうと思いました。また、この頃より仮設住宅に住む大人の人たちとの会話も増やすようにしました。

3　それでも保育者になる？

　第3回目の訪問は、震災1周忌にあたる3月11日をはさんでの訪問です。以後、3月の訪問は3月11日の週に訪問することになり、6年間続けました。
　2012年の3月11日は、車で移動しているとどこの街角や被災地にも喪服姿のみなさんがいました。石巻市全体が、重い空気に包まれていました。地震が発生した時刻は、被災地が見渡せる石巻市の日和山公園で迎えました。午後2時46分、サイレン音が鳴り響くと学生たちはボロボロと涙を流し、黙とうをしていました。

　活動は仮設住宅に移っていきましたが、訪問と訪問の間は子どもたちと年賀状などのやりとりをするようになり、子どもたちやお母さんたちもとどけ隊の学生の訪問を待ってくれているようになりました。

　そして、第3回目の訪問は、ジャーナリストの小宮純一さんが同行取材をされました。小宮さんは、その時の様子を月刊誌『ちいさいなかま』（2012年9月号、ちいさいなかま社発行）で紹介されました。小宮さんの了解を得て、一部を紹介させていただきます。

　彼女はある仮設住宅で小学1年生と5年生の男の子と仲良しになった。ボランティア活動の終了時刻が近づいたころ、5年生の子が突然「もう帰るっ！」と部屋を飛び出した。後を追いかけると、少年は少し離れたところに一人座り込んで、彼女たちが渡した手紙を読んでいた。隣に座った彼女に少年は「もう帰っちゃうんでしょ……。もう来ないの？　愛知県ってどれぐらい遠いの？」とつぶやいた。ほんの数分前まで大きな声を出してはしゃぎ回っていた少年が内面に抱えるつらさ、苦しさに触れた瞬間だった。

　初参加の1年生は、被災現場を見て「自分はなんと無力なのかと思った。住んでいた人が津波から逃げたときのことを想像すると怖くて、立っていられなくなった」と話した。

　仮設住宅で一人の子どもと粘土で家を作って遊んでいたときのことだ。「タイヤをつけておかないと避難できないもんね」と言いながら、粘土の家の床面におもちゃのタイヤをつけた子どもに、「ああ、笑顔の裏に心の傷を抱えて生きているんだ」と気づかされたという。

　意地悪だとは思ったが、車座インタビューの最後にこう聞いた。
　「被災した先輩保育士さんたちは、命がけで子どもを守った。保育とはそういう仕事だよ。死の恐怖と直面して逃げ出したくなることだってある。それでも君たちは保育士になりたいの？　どうして？　本当は逃げたいんじゃないの？」
　直後に、数人の学生が泣き出した。鼻水をすすり上げる音が連鎖してい

日和山で手を合わせる学生たち

く。指導・引率した野津牧先生に「インタビュー中止！」と怒鳴られはしないかと内心ヒヤヒヤだった。だが、どうしても彼女たちの返事が聞きたかった。

　しばらくして、2週間後には社会人として保育の現場に立つことが決まっているという一人の学生が、しゃくりあげながら私を見て答えた。

　「子どもの笑顔には、大人の顔を上げさせる力があります。だから、私はどんな時でも子どもの笑顔を守れる保育士になりたい。それじゃダメですか……」

　私も涙があふれ、メモ帳の字が見えなくなった。うん、うん──とうなずくのがやっとだった。震災の修羅（しゅら）を生き抜いた子どもの力が学生に与えた答えだった。

　保育者の最大の使命は、子どもの命と笑顔を守ることだということを再確認させられたインタビューでした。このインタビュー記事は、以後の新入メンバーにも読み継がれ、とどけ隊の活動の原点となりました。

　小宮さんは、その後も取材を続けてくださり、とどけ隊の活動の情報発信という形で私たちを支えてくださいました。

4　活動内容は自分たちで考えつくり出す

● 原点に返る2年目の活動

　2年目の活動は、大幅にメンバーが変わったこともあり、明らかに活動の質が低下しました。短期大学の宿命ですが、2年間でメンバーが入れ替わるため質の維持は困難を伴います。特に、前年度は専攻科2年生主体のチームでしたが、2年目以降は、保育科の1年生と2年生主体のチームに切り替えました。

　また、午前中の活動場所である保育園は、震災から1年以上を経過して落ち着いてきましたので、ボランティアが果たす役割は低くなっています。メンバーの年齢が下がる中で、活動の質を上げなければお荷物になってしまいます。

　その中で、2年目のリーダーの堀田奈都希は専攻科の2年生でした。卒業後はオーストラリアの保育所で働く予定でしたが、卒業と共に柴田さんが代表を務めるにじいろクレヨンのスタッフになり、私たちの活動が終了するまで現地で活動を支えてくれました。

　堀田を中心に、活動を一から築き上げていきましたが、当時の彼女のボランティアに対する思いを紹介します。

　今回の訪問では様々な出会いがありました。色々な方からお話を聞きましたが、1年半が経った今でも苦しんでいる人がいます。

　仮設住宅で、節電のために冷房をつけずにじっとしているおばあちゃんやおじいちゃん、大切なものを失ってしまった寂しさからアルコールに依存す

る方、自殺、本当に色々なこととみなさんが戦っています。みんな、つらいです。

　こんな状況で、私たちは何が出来るでしょうか。出来ることはちっぽけかもしれません。でも、少しでもそれがみんなの笑顔につながるのなら、つながることを信じて、私は被災地でのボランティアを続けていきたいと思っています。

● ひまわりを咲かせる活動

　震災から3年目の2013年の代表は、4年制の大学の体育学部を卒業し、社会人経験もある福川幸代（旧姓・野々垣）です。短期大学の1年生と2年生のメンバーの中では絶対的なエースという存在で、活動の幅を広げた年でした。

　彼女が2年生の夏の第7回訪問で書いた感想文から一部を紹介します。

　3月の活動が終わってから、本格的にリーダーとして動き始め、8月の活動が終わりました。みんなが活動を通して色々な面で成長できるようにと色々考えてミーティングをしてきました。

　先日の反省会でみんなの口から成長を実感できたという声を聞けたことが、本当に、本当に嬉しかったです。色々厳しいことを言ったことに対してきちんと反省し頑張ってくれたり、大変なミーティング日程にできるだけ参加してくれたみんなに本当に感謝しています。今までで1番の活動ができたのは、みんなの頑張り、成長なしにはできなかったことです。

　でも、まだまだみんななら成長できる!!　ここで満足せず、色々な反省点をいかしてもっと成長し、3月の活動は今回よりももっともっといいものにしていきます。

　この3年目の夏の第7回訪問では、第1回目の訪問で披露した「はらぺこあおむし」の歌バージョンをミュージカル風にアレンジして訪問先で披

女川町子育て支援センターでの「はらぺこあおむし」の上演

露しました。毎年、あおむしなどの装置もバージョンアップしていき、以後、とどけ隊を代表する演目となりました。大道具、小道具なども学生が教員のアドバイスを受けて作成し、振り付けも考えました。

　同年の春、大川小学校で犠牲となった子どもたちのお母さんたちが育てたひまわりの種を譲り受けることができ、30粒の種を学内に植えました。津波でお子さんを亡くしたお母さんの思いが詰まった種です。枯らすわけにはいかない種です。

　ひまわり担当の三桶綾子は、毎日、欠かさず水やりをしながら心配そうに見守っていました。やがて芽を出し、花を咲かせました。収穫した種を保育所、幼稚園に配る活動の開始です。30粒の種から始まり、活動を終了する2016年には4000本の花を咲かせることができました。

　収穫したひまわりの種は、イベントなどで配布すると共に希望する保育所にも配りました。譲り受けた保育所で咲かせたひまわりは、各家庭などにも配られ咲いています。

5　ボランティアの意義をめぐる葛藤

● 転機となった4年目の活動

　以後、順調に活動が進みました。少しずつ活動も知られるようになり、仮設住宅のお母さんたちからも、「名古屋短期大学のおねえさんたちが来ると安心して子どもを預けられる」と言われるようになりました。

　訪問と訪問の間は、仮設住宅の子どもとは手紙で交流を続けました。

　2014年からは、「花は咲く」の合唱と「はらぺこあおむし」をセットで披露し、ひまわりの種を配布する企画を組み、大学にある豊明市内の保育園、市のイベント、大学祭、付属高校などのイベントなどで発表するようになり、活動の幅も広がりました。

　そんな中、震災から4年目の第11回目の訪問は、1年生の6人と筆者のみの訪問でしたが、大きな転機となりました。

　その夏の第10回目の活動を終え、次回の活動について相談をするため連絡担当の学生がなかよし保育園の大橋園長（当時）に連絡を入れたところ、「みなさんが帰られた後に先生の一人が、名古屋短期大学の学生がボランティアに来ている間は苦しくなるという思いを伝えてくれました」と伝えられました。

　私たちは、被災地支援の活動を始める時に、ボランティアであることがわかるようにオレンジ色のビブスをそろえました。被災地には不審者も出入りしましたので、がれきの撤去などのボランティア活動では必要ですが、20人近い学生がオレンジ色の目立つ服装で活動をしていると否が応でも震災の時のことを思い出されたのでしょう。私たちは、配慮もなく活動を続けていたことを申し訳なく思うと共に、急きょ活動場所を変更しました。

　訪問は、8月27日からです。訪問まで10日を切っていました。今まで

もっともっと笑顔を

　かかわりのあった元門脇保育所長の千葉幸子さんの異動先の石巻市立井内保育所、塩竈市のあゆみ保育園、そして女川町立第四保育所で1日ずつ訪問させていただくことを急きょお願いしました。

　すでに訪問が決まっているが、事情があって予定していたなかよし保育園での活動が難しくなったので、とりあえず1回だけでよいのでボランティアを受け入れてもらいたい、という依頼をしました。幸い、みなさんから快く受け入れてもらうことができました。

　この回は、1年生メンバーのみの訪問です。学生には、「次回以降もこの園で活動が継続できるかは、みなさんの活動の出来次第です」と伝えて訪問しました。学生にとっては、相当なプレッシャーだったと思いますが、その回の学生の思いを1年生リーダーの高吉麻由希（旧姓・伊藤）の感想から紹介させていただきます。

　訪問前、私は大きな不安とプレッシャーの中にいました。頼りに出来る先

輩方もいない今回の訪問で、今後活動させて頂く保育所を確保する使命があったからです。出発前には沢山の先輩方から応援メッセージを頂き、私たちならやれる！　と気合いも入りました。

しかし、私は、私たちが誇りをもって着ているオレンジビブスが、前回の活動で被災地の方を苦しめてしまい、つらい思いをさせてしまったという事実に、ずっともやもやを抱えていました。

そして初日の井内保育所の活動直後、そこでも再び私たちのビブスを見て「私は被災者なんだ」と震災のことを思い出してしまったという先生がいらっしゃったとの連絡を受け、私は、とどけ隊の活動が逆に被災地の方につらい思いをさせているのではないか、私たちの活動は本当に笑顔を届けられているのか？　自己満足になってはいないか？　という不安が大きくなり、その夜、なかよし保育園の大橋園長先生とにじいろクレヨンのなつきさんを含めた話し合いで、その正直な気持ちを打ち明けました。

私はとどけ隊の活動目的や意義がわからなくなり、頭の中がぐちゃぐちゃな状態でした。しかし、そんな私の不安を聞いた大橋先生は、ご自身の体験をゆっくりと話して下さいました。先日起きた広島での大規模な土砂崩れのニュースで避難所の映像を見たとき、急に苦しくなり見ていられなくなったこと、また前回の活動でオレンジビブスを見て震災を思い出してしまった先生のこと。大人も、自分自身でも気付かないうちに傷を負っていて、予期せぬところで今回のように急にフラッシュバックが起きたり動けなくなったりする。それが今回はたまたま、私たちのビブスだったのではないか、ということ。それでも、私たちとどけ隊が被災地の方の為に何かしようとしてくれていることは素直に嬉しい、一番悲しいのは忘れられることだ、と言葉を続けられました。

私はこの大橋先生のお話を聴きながら、涙が止まりませんでした。見失いそうになっていた私たちの活動の意義を、大橋先生の言葉でまた信じることが出来たからです。

なお、なかよし保育園のみなさんには、引き続き最後の活動まで宿舎の

提供をしていただきましたので本当に感謝の思いしかありませんが、善意の押し付けになったことを深く反省しました。

　また、この回のメンバーは、石巻市の門脇保育所の子どもたちが避難したルートを実際に歩いてみました。子どもたちは35分かけて日和山の石巻保育所に避難したそうですが、若い学生の足で歩いても25分かかりました。後半は坂になっているため、学生たちもかなり疲れていました。実際に子どもたちを守り通した保育士さんたちの思いを少しですが感じ取れたのではないでしょうか。

● 活動の終了

　2015年には、大学から費用の提供があり、とどけ隊のプロモーションビデオも完成し、大川小学校のひまわりの種の配布など活動の幅も広げてきました。秋のシーズンは、ほとんど毎週、豊明市の各種イベントなどを含めて声がかかるようになりました。

　被災地の子どもたちの多くも仮設住宅から復興公営住宅に移っていく中で活動場所も復興公営住宅の公園に移りました。復興公営住宅の入居は抽選で当たった人から入るため、また、一からの人間関係を築かなければなりません。公園が、お母さんたちの出会いの場になりました。アパートのベランダから学生たちと子どもたちが遊んでいる姿を見て、小さな子どもを連れたお母さんが降りてきます。そこで知らないお母さん同士の会話が始まります。公園デビューです。

　震災はすでに過去の問題と思われるかもしれませんが、子どもたちが新しい生活の場で安定した人間関係を築くまで活動を続けなければと思います。しかし、私の退職を迎える時期が来ました。

　資金の確保から訪問の準備と訪問活動、地域でのイベント参加など年間40日以上、学生との活動がありますので、引継ぎは不可能でした。

　最後の活動年となる2016年度のリーダーは松本智葉に託しました。高校生までは、リーダーとしての経験がない中で、学内でも学生から尊敬さ

れる団体の代表は大変だったでしょうが、しっかり役割を果たしてくれました。2016年夏の訪問の感想から一部を紹介します。

　今回、わたしにとって5回目となる石巻訪問は先輩、元メンバー、そして代表という立場でいつもとは違う不安や緊張がありました。

　被災地訪問では、東日本大震災から5年経った今、去年と比べても復興公営住宅が増えていたり、土盛りが進んでいたり、今まで通れなかった道も通れるようになっていたり、復興を感じる場面が何度かありました。

　今回学べたことは自分の中で留めるだけでなく、もう二度とあのような悲劇が起こらないよう、来年から保育現場に立つ立場としてしっかり考え、まわりに伝え、プロの保育者として子どもたちの命を守れるよう備えていきたいです。（中略）東日本大震災から5年経った今、被災地のニーズは変わってきていて、わたしたちが今一番大切にしていかなければならないのは愛知県の人々に伝えていくことだと思います。

● 学ばせてもらったことを生かせる保育者に

　とどけ隊としての活動は終了することになりましたが、6年間で86名（延べ304名）の学生が123日にわたり被災地を訪問してボランティア活動を行いました。また、その他に被災地訪問ツアーで80名ほどの学生が被災地を訪れました。

　現在、ほとんどの学生は、保育の仕事、特に、公立保育所の保育士や共同保育所運動で開設された園に就職しています。彼女たちは、保育の現場で大川小学校のひまわりを咲かせる活動、震災の対応を語り継ぐ活動をしています。また、毎年、多くの卒業生が石巻市への訪問を続けています。

はじめに・第Ⅰ部　註
1）中央防災会議首都直下地震対策検討ワーキンググループ「首都直下地震の被害想定と対策について（最終報告）」2013年12月

2）総務省消防庁ホームページより、http://www.fdma.go.jp/

3）2011年度版「防災白書」より抜粋。東日本大震災の死亡者数は、2011年4月11日現在の検視を終えた人数。

4）河北新報2011年10月4日の記事より。なお、河北新報の報道では、「職員の死者・不明者はいずれも勤務外」となっていますが、実際には後述のように宮城県のふじ幼稚園や日和幼稚園で避難中に職員や添乗員の方も亡くなられています。

5）女川町「女川町震災記録誌」より。

6）門脇保育所（宮城県石巻市門脇）は廃園となり、2017年度より公設民営の釜保育所（社会福祉法人なかよし会が受託）として再スタートしました。

7）なかよし保育園の所在地：〒986-0815　宮城県石巻市中里3－10－7

8）なかよし保育園のある中里地区は海が見えませんので、津波の被害の状況がわかりません。停電して情報が入らないため、緊迫感はなかったようです。

9）あゆみ保育園の所在地：〒985-0023　宮城県塩竈市花立町1－16

10）さくら保育園の所在地：〒960-8141　福島県福島市渡利大豆塚7。さくら保育園の震災時の取り組みは、『それでも、さくらは咲く』（かもがわ出版）で紹介されています。

11）園近くの花見の名所の花見山公園は、さくら保育園の園児の散歩コースの一つでした。震災後は、放射能の数値が高く立ち入りできませんでしたが、現在は安全性が確保されて開園しています。

12）さくらみなみ保育園の所在地：〒960-1103　福島県福島市平石字堰ノ上34番地

13）さめがわこどもセンターの所在地：〒963-8407　福島県東白川郡鮫川村赤坂西野字酒垂3－3

14）いわき市「いわき市・東日本大震災の証言と記録」より。

15）現在までに、いわき市内の仮設住宅はすべて閉鎖されました。

16）震災当日の天候の変化については宮城県も含めて多くの保育者から報告されています。「天変地異という表現がふさわしい天候の激変だった」と表現された人もいました。

17）青空学童保育クラブの所在地：〒971-8151　福島県いわき市小名浜岡小名字台ノ上1－1

18）NPO法人にじいろクレヨンの所在地：〒986-0853　宮城県石巻市門脇字浦屋敷83－24

19）にじいろクレヨンの活動は、柴田滋紀著『にじいろクレヨンの描いた軌跡』（発売・星雲社）を参照してください。

20）本郷一夫他著「震災後の乳幼児の行動・情動変化の理解と対応に関する実践的研究」にアンケート結果が紹介されています。

21）遠藤未希さんの母親の遠藤美恵子さんは、『虹の向こうの未希へ』（文芸春秋）で未希さんへの思いを書かれています。

22）みんなに笑顔をとどけ隊の活動は、YouTube「みんなに笑顔をとどけ隊（2015）」などで見ることができます。

保育施設は巨大地震にどう備えるか

子どもの命と笑顔を守るために

第1章

南海トラフ巨大地震の被害想定と対策
弥富市の取り組み

1 南海トラフ巨大地震とは何か

　東日本大震災以降、日本列島は地殻の活動期に入ったとも言われ、首都直下型地震、南海トラフ巨大地震の発生等が想定されています。

　内閣府によれば、首都直下型地震は、今後30年以内の地震発生確率は70パーセント程度、揺れによる全壊家屋約175,000棟、建物倒壊による死者は最大で約11,000人と推定されています[1]。

　2013年5月24日、文部科学省の特別機関である地震調査研究推進本部地震調査委員会は、「南海トラフ地震の地震活動の長期評価（第二版）」を発表しています[2]。それによると「南海トラフで大地震が発生する可能性は、時間が経過するにつれ高ま」るとしています。

表Ⅱ－1　南海トラフで発生する地震の確率（時間予測モデル）　　　　（一部略）

項目	将来の地震 発生確率等	備考
今後10年以内の発生確率 今後20年以内の発生確率 今後30年以内の発生確率 今後40年以内の発生確率 今後50年以内の発生確率	20%程度 40 〜 50% 60 〜 70% 80%程度 90%程度以上	時間予測モデルによる「前回から次回までの標準的な発生間隔」88.2年及び発生間隔のばらつき α=0.24と0.20をBPT分布モデルに適用して発生確率を算出（評価時点は2013年1月1日現在）
次の地震の規模	M 8 〜 9クラス	震源域の面積と地震の規模の関係式より推定した値を用いた

　2018年6月18日に発生した大阪北部地震など、日本列島全体が地震の活動期に入ったと言われています。

● 最大震度7の南海トラフ巨大地震

　東日本大震災では、宮城県栗原市が最大震度7を記録しましたが、岩手県、宮城県、福島県の多くの市町村の最大震度は6弱から6強でした。気象庁は、震度6弱で「立っていることが困難になる」、震度6強で「立っていることができず、はわないと動くことができない。揺れにほんろうされ、動くこともできず、飛ばされることもある」としています[3]。

　第Ⅰ部で紹介しましたが、震度6弱の女川町立出島保育所では、机の下にもぐった子どもが、激しい横揺れで床の上をすべっていきました。

　南海トラフ巨大地震は、伊豆半島あたりから九州までの強い震動と大津波の発生が特徴と言われています。

　内閣府の南海トラフ巨大地震対策検討ワーキンググループがまとめた「南海トラフ巨大地震の被害想定（第二次報告）」によると、南海トラフ巨大地震は静岡県から高知県までの多くの市町村で最大震度7の予測が出ていますので、さらなる激しい地震が想定されているのです。震度7は、震度6強と比べても建物が損壊する比率は数倍に跳ね上がると言われています。各地の震度の想定は、震度7が静岡県から宮崎県までの10県151市区町村、震度6強が21府県239市区町村です[4]。

表Ⅱ-2　南海トラフ巨大地震市町村別最大震度（抜粋）

県	市・区	最大震度
静岡県	静岡市	7
静岡県	浜松市	7
愛知県	豊橋市	7
愛知県	名古屋市港区	7
三重県	津市	7
三重県	鳥羽市	7
和歌山県	和歌山市	7
高知県	高知市	7

● 巨大津波の発生

　また、東日本大震災の津波の最大到達点は、国土交通省の「国土交通白書」では、岩手県宮古市で8.5メートル以上、宮城県石巻市鮎川で8.0メートル以上などとなっていますが、南海トラフ巨大地震では、以下の**表Ⅱ－3**の通り、さらなる巨大津波が想定されています。

表Ⅱ－3　南海トラフ巨大地震市町村別最大津波高（抜粋）

県	市・区・町	最大津波高（m）	津波到達最短時間（分）
静岡県	下田市	33	13
愛知県	豊橋市	19	9
愛知県	田原市	22	12
愛知県	名古屋市港区	5	102
三重県	津市	7	66
三重県	鳥羽市	27	11
大阪府	大阪市住之江区	5	110
大阪府	岸和田市	5	95
和歌山県	西牟婁郡すさみ町	20	4
高知県	土佐清水市	34	4

　最大クラスの南海トラフ巨大地震による震度分布と津波高などに関するモデル検討会の結果を受け、被害を推計し被害シナリオを描いて対策の検討を行うために、2012年4月に中央防災会議の防災対策推進検討会議のもとに、「南海トラフ巨大地震対策検討ワーキンググループ」が設置されました。ワーキンググループは、2013年5月に最終報告を公表しました。

　津波については、高知県黒潮町と土佐清水市で最大34メートルと推計され、8都県に20メートル以上が襲うとしています。

　南海トラフ巨大地震の主な特徴の第1は、超広域にわたり強い揺れが発生することです。静岡県のように震源域から近い場所では建物の被害も甚大になります。

　第2に、超広域にわたり巨大な津波が発生します。**表Ⅱ－3**のように太平洋に面した自治体では20メートルから30メートルの津波が到達することを想定しています。

　第3に、第1波の津波のピーク到達時間が数分と極めて短い地域が存在することです。

　高知県の土佐清水市のように津波の第1波が4分で来るということは、大きな揺れが続いている時に、最初の津波が来るということです。しかも最大の津波は34メートルの高さまで到達するわけです。

　伊勢湾、大阪湾に入ると、津波の到達も高さも太平洋岸と比較すれば遅くなり、5メートルから7メートル程度となります。しかし、津波は4メートルでも甚大な被害をもたらします。名古屋駅も大きな被害が想定されています。

● 被害の想定

人的被害・建物への被害

　南海トラフ巨大地震による人的被害予測は、地震動と津波、季節と時間、風速の設定条件で結果は大きく異なりますが、最大の予想死亡者数は津波被害による約23万人を含み、約32万3,000人までと予測しています。

　第一次報告では、建物の全壊焼失（揺れ、液状化、津波、斜面崩壊、火災による）、ブロック塀や自動販売機などの転倒、屋外落下物、死者（建物倒壊、屋内転倒物など、津波、斜面崩壊、火災、屋外転倒物・落下物による）などに関する推計結果が示されました。

　前述の通り、設定条件の違いで結果は大きく異なり、建物の全壊消失は約94万棟から約294万棟、死者は約3万2,000人から約32万3,000人までとなりました。

　この最悪の想定は、東海地方の被害が大きい地震が冬の深夜に発生し、強風だったケースで、静岡県では最多の10万9,000人の死者が想定されており、愛知県は約2万9,000人となっています。建物被害と津波被害に伴う要救助者は最大で約31万人となっています。

　なお、建物の耐震化率を現状の約8割から約9割に向上させると、揺れによる全壊棟数は4割程度減少すると推計されています。また津波による

死者は、全員が即座に避難を開始して津波避難ビルが効果的に活用されると、そうでない場合に比べて最大で約9割減少すると試算されました。

広大な浸水地域——愛知県の被害想定

　濃尾平野は、日本最大の海抜ゼロメートル地域です。縄文時代は、名古屋市の西半分から三重県までの地域は伊勢湾が広がっていました。

　愛知県防災会議で示された被害想定は、国が2012年に公表した中央防災会議の防災対策推進検討会議の南海トラフの最大想定モデルを反映しており、津波によって深さ1センチ以上が浸水する面積は、名古屋市の最大7,647ヘクタールをはじめ、西尾市で5,184ヘクタール、豊橋市で4,540ヘクタールなどです。愛知県全体では最大約3万7,000ヘクタールと、国想定の3.7倍以上に広がりました。これに伴い、浸水や津波による死者も国想定の2倍を超える1万3,000人という厳しい数字がはじき出されています。これは防波堤やコンクリート構造物が地震ですべて倒壊または沈下して流出し、盛り土の堤防はすべて4分に1の高さにまで沈み込むなどと想定したからです。

　愛知県では1959年の伊勢湾台風によって西部の木曽川沿いを中心に大規模な浸水被害が出ており、「いったん水に浸かるとなかなか引かない」地形であることが影響しています。

ライフラインの被害と帰宅困難者

　推計されたおもな最大値は、発災直後の断水人口が約3,440万人（東海・四国で8～9割）、停電が約2,710万軒（東海・近畿・四国で約9割）、固定電話の通話不能が約930万回線（東海・近畿・四国で約9割、携帯電話は大部分が通話困難）、避難者は1週間後に最大で約950万人（うち避難所に約500万人）、発災後3日間の食料と飲料水の不足量が約3,200万食と約4,800リットルです。

　平日の昼に発災した場合、居住地以外に滞留する帰宅困難者は、中京圏で約400万人、京阪神圏で約660万人（うち合計約380万人が帰宅困難）と予

測されています。孤立する集落は、農業約1,900か所、漁業約400か所などと予測しています。

経済的被害想定

　被害額は最大で、被災地の資産などが169.5兆円、全国の生産・サービス低下に起因するものが44.7兆円、交通寸断に起因するものが6.1兆円で、合計約220.3兆円（東日本大地震の約10倍以上）と試算されました。

　太平洋沿岸が最大クラスの地震と津波に襲われた場合、建物や道路・電力などインフラ、ライフラインの被害は関東以西の40都府県に及びます。こうした直接被害は169兆5,000億円に達し、最も被害額が大きい愛知県で30兆7,000億円、大阪府では24兆円と推計しています。

　なお最終報告は、「南海トラフ沿いの大規模地震の予測可能性に関する調査部会」の報告を添付しています。その報告は、過去の発生の仕方は多様であり、震源域の広がり（地震規模）と発生時期を高い確度で予測することは非常に難しいとしています。

2　東北の被災地に学び、動き始めた保育現場

　大変な被害が想定される南海トラフ巨大地震ですが、東日本大震災以後、東北の経験を学び、公立の保育所として震災時の対策を練っている自治体があります。愛知県弥富市です。

　2016年11月、名古屋短期大学保育科野津ゼミナールの震災と保育グループが、弥富市立桜保育所と同十四山保育所の訪問調査を実施しました。調査から見えてきた震災時における保育所の対応について考えてみたいと思います。

● 弥富市の立地条件

　濃尾平野は、木曽川、長良川、揖斐川の３つの河川により形成された低地で、３つの河川から供給されたやわらかい粘土や砂が堆積して作られた平野です。

　そのため、愛知県内には「島」「浜」「汐」など、海に関係した地名もたくさん残っています。津島市、名古屋市中村区枇杷島町、名古屋市南区荒浜町、名古屋市緑区鳴海町中汐田など、名前を挙げればきりがありません。

　濃尾平野は土壌が軟弱な上に、全国の海抜ゼロメートル地帯1,184平方キロメートルのうちの約３分の１に当たる402平方キロメートルが愛知県、岐阜県、三重県に広がっています。この地域は、伊勢湾台風の時も高潮による大きな被害を受け、水が２か月以上引かなかった地区もありました。

　木曽川、長良川、揖斐川の合流域には、家や地区を守るための輪中があることでも有名です。

　愛知県弥富市は、名古屋市の南西部に位置し、木曽川をはさんで三重県に隣接しています。人口は、2017年４月１日現在で44,333人、干拓で広げられた町で、市の大半が海抜ゼロメートル地帯という極めて平坦な地形です。産業として有名なのは、奈良県大和郡山市と並ぶ金魚の養殖です。売上高は全国１位を誇っています。

　2012年８月29日、内閣府の中央防災会議防災対策推進検討会議南海トラフ巨大地震対策検討ワーキンググループが発表した南海トラフ地震の第一次被害想定では、弥富市の最大震度予測は震度７で、津波到達予測は最大で3.3メートルです。そして、市内の大部分が浸水するという想定をしました。

　市内には中小の河川も流れていることから、震度７の地震で木曽川やその他の河川の堤防が決壊すれば、市内のほとんどの地域が水没する可能性があります。伊勢湾台風の経験からも、水没すれば長期間にわたり水が引

海抜以下に立地する十四山保育所

かない可能性もあります。干拓で土地を広げた軟弱な土壌ですから、液状化する可能性もあります。

● 東北に出かけ被災地の教訓を学ぶ

　市内には９か所の公立保育所があり、いくつかの保育所は小学校や公共施設が近くにありますが、周囲に高い建物がない保育所もあります。

　一番低い立地条件の十四山保育所（定員195名）は、海抜からマイナス２メートルの場所にあり、保育所の両側に小さな川があり、近くに高い建物が何もないという立地条件です。

　そのため、東日本大震災後に、保育現場は真剣に検討を開始しました。

　2013年２月と同年９月、南海トラフ巨大地震にどう向き合うのかということで、弥富市では２回にわたり保育士さんを対象とした震災時の対応についての研修会が開催され、筆者が講師に呼ばれました。

　同年８月、筆者が企画した現場保育者のための被災地ツアーに弥富市から所長２名が参加され、直接、東北の教訓を学ばれました。

　その後、弥富市の保育士さんたちは、震災時の対応について真剣に準備を開始し、行政の理解を得て弥富市独自の震災時の対応を確立されました。

● 緊急時屋上避難場所の設置

　2015年度、弥富市は十四山地区住民の要望もあり、十四山保育所の屋上に地区住民も避難できる緊急時屋上避難場所を設置しました。

　それまでの避難場所は、保育所から約600メートル離れたスーパーマーケットでした。近くに高台や高い建物がないためです。避難場所に行くには、途中には川があり、橋を渡らなければいけません。

　南海トラフ巨大地震では最初の大きな地震でどこかの堤防が切れ、園舎が水没する可能性があります。また、液状化の可能性もあり、スーパーマーケットまで、たどり着けないかもしれません。歩いて行けたとしても、乳児を連れての避難は避難訓練でも15分かかります。

　近くに避難場所がない中で、保育士さんたちが考えたプランは、屋上に避難するという案です。弥富市の最大津波到達予測は、前述のように3.3メートルですから、屋上に上がれば水による被害から逃れることができ、何よりも一番近い避難場所となります。

　近くに避難場所がないという状況は、保育所のある地区の住民にとっても変わりがありません。地域住民も市に対して保育所の緊急時屋上避難場所の設置を要望し、市も動きました。

　屋上は、人が上がれる構造にはなっていませんでしたが、園舎横に非常階段をつけ、屋上に人が乗っても大丈夫なように補強して、前述の通り２階建ての園舎の屋上を避難場所とする緊急時屋上避難場所を設置したのです。工事費用は、非常階段を設置する費用と、屋上の補強・防水処理費用なども含めて、2,800万円ほどです。

　弥富市は、市内の９公立保育所中、現在３つの保育所において緊急時屋

十四山保育所に新たに設置された緊急時屋上避難場所

上避難場所が整備され、今後１か所に緊急時屋上避難場所が整備される予定です。

３　市立保育所が作成した防災マニュアル

　弥富市の公立保育所の防災マニュアルは、建物や立地状況などにより違いがありますが、市として統一されており、きめの細かなものとなっています。ここでは、桜保育所の防災マニュアルを中心に見ていきます。

　防災対策は、朝の出勤時からスタートします。出勤時に保育士は首にホイッスルをかけ、職員室から防災リュックを各クラスに持っていきます。

　そして、震災対応は状況別に決めています。

　まず、登所前に大きな地震が発生した時は、園児を自宅待機させると共

表Ⅱ－4　弥富市立桜保育所「保育所の地震等防災マニュアル」（抜粋）

◎災害のための日々の準備

　○各部屋の環境
　・避難経路の安全確認（出入り口に物を置かない。）
　・机は常に出しておく。
　・ヘルメット、防災リュック、防災ベスト、ブルーシート、毛布は決められた取
　　りやすい場所に置く。

　○出勤時にすること
　・笛を首にかける。
　・防災リュックを職員室から各部屋の所定の場所に持っていく。

　☆防災リュックに入れる物
　　引き渡しの連絡票・所児引き渡しカード・軍手・懐中電灯・電池・筆記用具・
　　携帯ラジオ・紐（おんぶ紐・ロープ）・タオル・ティッシュペーパー（小）・三角
　　巾・使い捨てビニール手袋・救急判・消毒液・はさみ・カット綿・ガーゼ・ビ
　　ニール袋等・サランラップ・ソーラーランタン・口内洗浄ペーパー・紙パン
　　ツ・新聞紙・アルミヒートブランケット・お菓子（アレルギー対応用を含む）・白
　　布ガムテープ

に登所してきた保護者は所内にとどまってもらいます。

　登所後は、子どもたちの動きに合わせ、保育室で活動している時、運動場にいる時、階段・廊下に子どもがいる時別に、所長、副所長、保育士、臨時保育士、調理員、そして子どもがどのような動きをするのかを決めています。

　また、地震から津波が発生した時も、子どもたちが保育室・運動場にいる場合、散歩中の場合別の対応を決めています。

情報の収集

　停電になることを想定して、弥富市では災害情報の収集用に電池式のラジオをすべての保育所で用意するようになりました。

　弥富市では万が一、保育所の緊急時屋上避難場所からさらに避難しなければならないことなども想定し、近隣の被災状況を把握するため、中古の自転車数台を各保育所に用意しています。自転車は、廃棄処分になったも

のを譲り受け、自転車の登録をし直して使っています。

非常食の確保

　非常食は、東北の保育所の経験から学び、3日間分を確保してあります。その中には、アレルギー対応の非常食も含まれています。

保護者への引き渡し

　東北の保育士の方から弥富市の保育士さんたちが学んだ中で特に重要なものの一つに、保護者への引き渡しの安全なルール作りがあります。

　震災前、東北の多くの保育所では震度5以上で保護者に引き渡すというルールを決めていました。その結果、子どもを迎えに来る時に保護者が津波の被害に遭ったり、引き渡し後に子どもが犠牲になったりするという、痛ましい経験をした保育所が少なからずありました。筆者が、弥富市の研修でも強調した点の一つです。

　現在の弥富市の保育所における保護者への引き渡しのルールは、第1に保護者にまず自身の安全を確保してもらい、避難場所に迎えに来てもらう、第2に保育所としては安全が確認されるまで保護者が迎えに来ても保護者への引き渡しは行わず、保護者が来た場合は避難指示の解除が出るまで一緒に避難してもらう、以上の2点です。

　弥富市のホームページにも、「安全な場所で地震がおさまるまで待機させます。地震がおさまったら、各保育所の避難場所に避難させますので、安全を確認しながら、所児を迎えに来てください」と記されています。

あらゆる時間・場面での避難訓練

　2017年1月、前述の十四山保育所の避難訓練を見学しました。この日の避難訓練は、子どもたちにも事前に知らせてありました。

　午前10時、所長が所内の様子を確認しマイクで地震による避難を呼びかけました。

「地震です。地震です。机の下にもぐって、ダンゴムシのポーズ（シェイクアウト）をとってください」

　避難を呼びかけるタイミングですが、子どもがトイレを利用している時間帯での呼びかけです。通常は、保育士さんが子どもを把握しやすいクラスにいる時間帯に放送をかけるものだと思いましたが、あえて子どもがトイレを利用している時間帯に放送をしていました。トイレに行っていた子どもたちも、クラスの中にいる子どもも、その場でしゃがみ込みダンゴムシのポーズ（シェイクアウト）をとります。

　しかも放送のスイッチを入れると石の入った空き缶を鳴らして放送で流し、緊迫感を持たせていました。また、廊下は棚などを倒して通りにくくしてあります。ここで大事なのは、保育士さんも自分の身を守ることを徹底していることです。

　最初の放送を入れた後は停電を想定し、拡声器と地声での指示です。クラス間の伝達も保育士のみなさんが声を張り上げて伝えています。ここで、保育士のみなさんはヘルメットと防災ベストを着用します。防災ベストにはトランシーバーがつけてありますので、スイッチを入れます。

　調理員は、調理室のガス・電源を切り、外に避難し、乳児クラスの補助を行います。

　子どもたちには防災頭巾をかぶらせ、避難の開始です。避難の合間にも余震があったことが伝えられると、避難途中であっても子どもたちはその場でダンゴムシのポーズ（シェイクアウト）をとります。

　そして第一次避難場所の所庭に避難した後、津波警報発令が伝達され、屋上避難階段を使って屋上の緊急時屋上避難場所までの避難を実施しました。

　当日は、年中組の子ども1名がけがをしたという想定での訓練でした。担当保育士にはけがのことは事前に知らせておらず、援助等どのように対応できるのか確認するということでした。

　子どもたちからも保育士のみなさんの動きからも真剣さが伝わってきま

す。緊急時屋上避難場所への移動は、３歳未満児の移動はかなり手間取りますが、屋上と非常階段の下でトランシーバーで連絡を取り合い、１人ずつおんぶをして緊急時屋上避難場所への避難を完了しました。

　避難訓練後には、避難訓練に立ち会った弥富市の民生部長、市の防災コーディネーター、所長、副所長と主任が参加しての反省会です。

「所長の声が聞こえにくかった」
　　　※実際にはかなり大きな声で指示を出されていましたが、顔の向きと反
　　　　対側のクラスは声が聞こえにくかったようです。
「丁寧に指示が出されていたが、屋上に上るまで時間がかかりすぎた」
「保育士が子どもの誘導に専念できるよう屋上に物置を設置できないか」
　　　※民生部長の話では、建築基準法の関係でかなり難しいことが説明され
　　　　ました。
「震災時に所長が不在の可能性もあるので、不在を想定した訓練も実施
　　　した方がよい」

など、その場で改善についての話し合いが真剣になされました。

　他の市町村も行うようになってきましたが、弥富市では、午睡中などの時間帯別の避難訓練、抜き打ち訓練も行っています。また、所庭に避難してみると、保育所児や保育士の行方不明者がいたという状況も設定しています。

　実際に、保護者に避難訓練を見学してもらう機会を設けたり、保育所児の送迎時の抜き打ちの避難訓練も実施しています。送迎時の訓練では、子どもを保育所に送ってきた保護者も、時間の許す限り一緒に緊急時屋上避難場所まで避難してもらっています。

　また、地域住民も参加する避難訓練も実施しており、緊急時屋上避難場所への子どもの誘導も地域の人に手伝ってもらっています。

表Ⅱ-5　所長・副所長・保育士の緊急持ち出し用品

ヘルメット	所長・副所長・保育士
トランシーバー	所長・副所長・保育士
所長用防災ベスト	携帯用懐中電灯・ティッシュ・ビニール袋・カロリーメイト・筆記用具・救急薬品・ワセリン・緊急連絡票・タオル・新聞紙・携帯充電器
保育士用防災ベスト	携帯用懐中電灯・飴・救急薬品・ティッシュ・ビニール袋・筆記用具・三角巾・ビニール手袋・タオル・紙パンツ・新聞紙・防災マニュアル
防災リュック	引き渡しカード・軍手・懐中電灯・鉛筆・鉛筆削り・防災ロープ・ホイッスル・ガーゼ・サランラップ・紙パンツ・おしりふき・白布ガムテープ・水 ＊おんぶ紐はリュックのそばに置く。メガホンはリュックにぶらさげる。
その他	拡声器・電池・各クラス緊急連絡票・引き渡しカード・ソーラーランタン ＊以上は所長・副所長が持ち出す。

災害時の備え

　各保育所では、クラスに園児用に防災頭巾と子ども用のライフジャケット、保育士用にはヘルメットと大人用の防災ベストを計画的に配備しています。

　避難車（ベビーカー・リヤカー等）は、各保育所に４～５台用意してありますが、その他、前述の通り保育所周辺の状況把握や連絡用に自転車も数台用意してあります。万が一、保育所の緊急時屋上避難場所が危険な場合は第２次避難場所への避難が必要になりますが、避難場所へ移動する場合の途中の川や道路の液状化の状況などを職員が自ら確認し把握するためです。

　備蓄品は、全保育所児と職員が３日間しのげる分量の保存食と水を１階と２階に分けて保存してあります。

　簡易トイレも手作りですが用意されています。

　小学校に隣接する保育所では、避難場所を小学校にもお願いしてあり、緊急時には連携を図るようにしています。

職員間の連絡

　子どもと職員への指示は、拡声器を使って行いますが、職員間の伝達は防災ベストと一緒に用意してあるトランシーバーを使います。

　避難訓練でも使用していますが、屋上の緊急時屋上避難場所の保育士さんと下で待機している保育士さんがトランシーバーで連絡を取り合い、援助している職員が不足しているなどの情報を伝え合っていました。

弥富市の取り組みを全国に広げていく

　全国の保育施設では、巨大地震が発生した場合に津波が想定される地域でも、地震発生時に保護者に引き渡すことを基本として、保護者への引き渡し訓練を実施している自治体や私立園もあります。保護者の迎えを待っていれば避難は確実に遅れますし、犠牲者が増える可能性があります。

　緊迫感のない避難訓練を行っている園も少なくないと思いますが、子どもの命を守ってこその保育施設です。子どもの安全を第一に考える弥富市の取り組みを全国に広げていく必要があります。

第2章

震災時に求められる保育施設の対応

短期・長期の両面から

1　命を守る

　東日本大震災以前、宮城県沖地震が近いうちに発生する可能性が高いということは、多くの東北の人たちが想定していました。東北地方を襲う度重なる地震と津波被害により、東北の太平洋沿岸部の人たちは、他の地区よりもはるかに防災意識が高かったのです。

　緊急避難時は、あらかじめ避難場所を決めて、保護者との連携が取れていた園もありました。また、地域の結びつきも強い地域ということもあり、震災時に地域の人が園児の避難を助けてくれた施設もありました。

　同時に、大川小学校のように、防災マニュアルでは具体的な避難場所を明示していなかったため、どこに避難してよいかわからなかったケースもありました。

　ここからは、東北の保育者の経験を踏まえて、保育施設における震災時の対応について具体的に述べていきます。

● 保育施設の安全性の確保

耐震補強
　厚生労働省の保育課・幼保連携推進室の資料によれば、全国的な耐震補

強の取り組み状況は、2013年4月1日現在の保育所の耐震化率（速報値）79.4％となっています。設置主体別でみると、公立保育所は77.1％、私立保育所は81.0％です。公立保育所の方が私立保育所よりも耐震化率が低いという実態があります。子どもの命を守る保育所が危険なまま放置されていることは、予算がないなどということで片付けられる問題ではありません。

　また、耐震化診断が必要な1980年以前の施設のうち、診断実施率は63.4％に留まっています。ほとんど未実施の都道府県もあり、国の責任により全国の全保育施設の耐震化診断と該当施設の耐震補強の完全実施が求められます[5]。

　認可外保育所も、認可保育所に準じることになっていますが、国の基準を満たしていない施設もあります。待機児童対策ということで安易に認可外保育所の開設を認めるのではなく、子どもの命を守るという視点が大事です。

家具の転倒防止

　家具は震災時には転倒して重大な事故に結びつきかねません。

　保育室の家具は、例えば認可保育所の場合、開所時に設置した物は固定式であっても、後から設置した棚などの補強はされているでしょうか。

　事務所の棚を固定していない園はたくさんあります。実は、震災時の保育施設内で最も危険なのが事務室です。固定していない棚は、震度6弱以上でほぼ間違いなく倒れます。コピー機も、地震の時は横揺れで移動することがあり、大変危険です。

　アップライトピアノは移動したり、倒れたりすると重量が重いので危険です。重心が後ろに寄っているので、しっかりとした壁から10センチメートルほど離して設置してください。壁につけて設置した場合は、壁面にぶつかった反動で前に転倒することがあります。転倒防止の器具もピアノガードなど数千円から数万円する物まで市販されています。

　重いから「安心」ではなく、重い物は「危険」と思ってください。

棚からの落下、飛び出し防止

　東日本大震災の時、東北の太平洋側の地域の保育施設では、棚からほぼすべての物が落ちました。「飛び出した」という表現を使って説明してくれた保育者もたくさんいました。

　棚の上や棚には、落ちると危ない物は落ちないように、また、落ちても危なくない物を入れるようにしてください。

● 実態に即した避難体制の確立

　大災害時には、行政だけでは対応できませんし、行政機能がマヒすることも想定しなければなりません。特に、公立の施設の場合は、本庁の指示を確認してから動くということが習慣化されていますが、電話での連絡は取れなくなると想定しておいた方が間違いありません。

　公立の施設の場合は、基本的な避難マニュアルは行政として策定することになりますが、自治体の指示や援助が来ないことを想定して、マニュアルには「緊急時は各保育所の判断で避難する」という文言を入れて、速やかに現場で判断できるようにしておく必要があります。また、保育現場も施設の立地条件を考慮に入れて、常にあらゆる想定をして独自に行動できる準備が必要です。

情報手段の確保

　まず重要なのは、災害情報の収集です。

　東日本大震災では、震度6弱以上の多くの地域では、最初の大きな揺れで停電しました。防災放送も、「放送があったのかもしれないが、聞こえなかった」という声を多くの人から聞きました。津波想定区域やその周辺の地域では、情報手段の確保なしに子どもの安全は守られません。

　携帯電話なども通じなくなる可能性が高くなります。車まで行き、ラジオを聞けば被災状況も確認できなくはないのですが、保育現場から離れることになります。電池式等のラジオなどにより的確な情報を把握すること

が、速やかな避難に役立ちます。

連絡手段の確保

　大きな震災の場合、市役所等の外部との連絡はつかなくなるだけでなく、園内の連絡も停電により難しくなります。

　前述の弥富市では、事務所非常用持ち出し品の中に拡声器を用意しています。また、職員間の連絡用に各自のライフジャケットにトランシーバーが入れてあります。避難訓練でも、屋上の避難場所と下で待機している職員との連絡に使っていました。

　また、情報収集用の自転車も有効です。弥富市では、万が一、屋上避難場所では危ないと思われる時、近くに川などがあるため、道路状況の確認をするために各保育所に自転車を複数台用意しています。

● 保護者との連携

　保護者に連絡し、保護者の迎えを待っていたら避難は遅れてしまいます。また、東日本大震災では迎えに来てもらって帰宅した後に津波の被害に遭った家族もいました。

　大災害時には、どこに避難するのかについてあらかじめ保護者に伝え、子どもたちは保育者が守り、家族は自分の命を守り、そして安全が確保された後に避難先の学校などに保護者が迎えに来るという原則を確立する必要があります。

　保護者に子どもを引き渡す原則は、警報発令された時点で引き渡しを停止し、子どもたちは園が責任を持って避難させる、保護者は自身の安全を確保した上で指定避難所に向かう、警報解除前に保護者が保育施設に来た時は警報が解除されるまで一緒に行動して、引き渡しは警報が解除にならない限り行わないことが重要です。

　なお、子どもを引き渡す際は事前に園に登録した人にのみ引き渡すことが必要です。例えば、保護者同士の同意がある場合でも、第三者に引き渡

した後に事故があれば保育所側の責任が問われることがあります。

　そのためにも保護者にも高い防災意識を持ってもらうことと共に、保育施設と保護者との連携が重要です。避難場所や避難方法、保護者への連絡・引き渡し方法など、園と保護者が共通認識をしておくことが重要です。緊急時に個別の保護者への連絡は不可能な場合も多いですので、災害用伝言ダイヤルの活用も準備しておく必要があります。

表Ⅱ－6　災害用伝言ダイヤルの手順

```
災害用伝言ダイヤル
　①171
　②伝言1　再生2
　③電話番号（市外局番からかける）
　④音声案内に従って操作
```

　また、地域FMを利用して、園の情報を保護者に知らせた園もあります。
　保護者との連携では、日頃から以下のような取り組みをすることが求められています。

　・参観日や保護者懇談会等で防災に関する研修を行う。
　・保護者と共に避難訓練を行い、避難経路等を確認する。
　・避難場所、引き渡し方法を周知する。
　・保護者と共に通園路の危険箇所を確認する。
　・防災マニュアルの内容を保護者に周知する。

　上記にある引き渡しの方法として引き渡し票の参考例を紹介します。

表Ⅱ－7　引き渡し票（参考例）

〇〇年度　〇〇保育所　＿＿＿＿＿＿組

NO	名前	迎えに来た人					連絡先	帰った時間		
		父	母	祖父	祖母	他		午前・午後	時	分
		父	母	祖父	祖母	他		午前・午後	時	分
		父	母	祖父	祖母	他		午前・午後	時	分

2　保育再開に向けて

● 保育施設の早期再開

　第Ⅰ部で見てきたように、被災地の保育施設には早期の保育の再開が求められます。

　被災した保育施設に通う被災者の多くは、避難所生活をすることになりますが、家族や親族の捜索、被災した家の片付けなどに追われます。また、過酷な震災体験と避難所生活は、保護者から子どもと向き合う余裕を奪ってしまいます。子どもたちは、親の心の余裕のなさを敏感に読み取り、恐怖感、不安な思いなどを吐き出せなくなります。子どもたちが安心して大きな声を出して笑い、遊ぶことができる場所を確保するためにも、保育施設を早期に再開できるようにしなければなりません。

● 保育料の減免と運営費の保障

　保育施設の早期再開と実際に子どもが保育所、幼稚園に再び通うことができるようにするためには、保育料問題と当面の減員が予想される保育施設に対する運営費の保障対策も必要です。

　保護者の多くが一時的に仕事を失うことになりますし、被害に遭った家の再建問題も抱えます。後から保障するのではなく、安心して保育所、幼稚園などに通い続けられるよう保育料の減免措置が必要です。

　被災直後は、一時的に園児の減少が予想されます。東日本大震災では、被災地域の保育所に対しては運営費の保障がなされましたが、あらかじめ決められていなかったため混乱しました。学童保育所に対しては、一時的な減員に対する公的な保障がなかったために、福島県内の学童保育所の中

には、保育料の値上げと職員給与の減額で乗り切ったところがあります。

　保護者に対する保育料の減免対策と学童保育所を含む保育施設に対する運営費の震災前の同額保障が必要です。

3　日頃の備え

● 避難訓練・防災マップ

月1回以上の実践的な訓練の実施

　保育所の避難訓練は、「児童福祉施設の設備と運営に関する基準」の第6条において「児童福祉施設においては、軽便消火器等の消火用具、非常口その他非常災害に必要な設備を設けるとともに、非常災害に対する具体的計画を立て、これに対する不断の注意と訓練をするように努めなければならない」「前項の訓練のうち、避難及び消火に対する訓練は、少なくとも毎月一回は、これを行わなければならない」としています。

　一方の幼稚園は、幼稚園設置基準での避難訓練の記述はなく、消防法施行規則3条9の「特定防火対象物の防火管理者は消火訓練及び避難訓練を年2回以上実施しなければならない」とされており、年2回以上としか避難訓練が義務づけられていません。

　東日本大震災以降、各園での避難訓練は増やしている園が多いようですが、いわき市の幼稚園の教諭も「年5回の避難訓練だけでは、どのように動いてよいかわからなかった」と述べていたように、法定の実施回数を増やし、幼稚園でも最低月1回の避難訓練は実施すべきです。

　また、本書を書いている間も、公立保育所に勤めている方から、「うちの園では、年度末は色々忙しかったので、園長先生が3月の避難訓練は書類だけにしておきますと言って実施しませんでした」と聞きました。真偽のほどはわかりませんが、あってはならないことです。近年ますます保育

現場の多忙さが増す中で、私立園も含めて未実施やおざなりな避難訓練はないでしょうか。

大地震の場合、そして大津波が伴う場合など従来の想定以上の被害が予想されることも含め、災害の規模や発生の時間帯に即した避難計画の立案と訓練が求められます。

例えば、通常は保育所にある避難車は、小さな子どもたちが6人も乗ればいっぱいになりますし、かなり重くなりますが、東日本大震災では「10人くらい乗せて避難した」という声も聞きました。避難ルートに坂道がある場合など、本当に迅速な避難が可能かどうかの検証が必要です。

防災マップの作成

子どもたちを安全かつ迅速に避難させるためには、園内避難経路図や近隣の防災マップを作成して、保育者全員で共通理解しておくことが重要です。行政が作成した防災マップを基本としながら、実際に点検と行動を行い、その保育施設に合った独自の防災マップを作成することが必要です。

防災マップ作成にあたっては、全保育士、幼稚園教諭だけでなく、事務や調理スタッフも参加し、話し合うことで、防災意識や防災対応能力の向上につながります。

また、保護者も理解しておくことが求められます。

● 備蓄品の確保

大災害時には、保育施設自体が孤立する可能性がありますし、子どもたちと避難した避難所が孤立する可能性もあります。実際、阪神淡路大震災の時は、ライフラインの全面復旧には、電気が7日間、水道は90日間、都市ガスで84日間かかりました。東日本大震災の時は、被災地域が広いため復旧にかなりの差が出ましたが、電気が7日間程度、水道は21日程度、ガスで35日程度かかりました。

南海トラフ巨大地震は、東日本大震災よりもさらに被害想定も大きく、

広範囲に及ぶことから、復旧にはさらに時間がかかり、長期的な生活上の困難が想定されます。

　備蓄品は、津波想定区域では園舎が水に浸かる可能性を想定して、2階以上の建物の場合は、非常食などを2階にも確保することも必要です。今回、床上浸水した前述のなかよし保育園は、震災後は非常食を2階に移し、数量もすぐに確認できるよう表示するようになりました。

　備蓄品としては、通常の水や非常食、毛布などに加えて、保育所では、粉ミルクや離乳食、紙おむつ、そしてアレルギー対応の非常食も必要です。宮城県塩竈市のあゆみ保育園では、避難した小学校にアレルギー食を持っていったところ、地域のアレルギー除去食を必要とする子どものいる家族に喜ばれました。

　各保育施設では、この教訓を生かして、最低3日間は各保育施設で持ちこたえる準備が必要です。参考として備蓄品リストを紹介します。

表Ⅱ-8　備蓄品リスト　3日分を想定して用意する

品　　目	品　　名
食品	水・乾パン・缶入りクラッカー・アルファ米・レトルト食品・粉ミルク・アレルギー対応食・菓子・あめ・粉末スポーツ飲料
食事関係備品	哺乳瓶・ポリタンク（給水用）・卓上コンロ・同ガスボンベ・割りばし・紙コップ・紙皿・サランラップ・アルミホイル
備品	防災頭巾（園児用）・ヘルメット（職員用）・ホイッスル・懐中電灯・電池・電池式ラジオ・トランシーバー・拡声器・簡易トイレ・タオル・軍手・ライフジャケット（津波想定区域）・消毒用スプレー・使い捨てカイロ
医薬品・保育用品	救急セット・冷えピタ・紙おむつ・マスク・毛布・ティシュペーパー・トイレットペーパー
避難用具	避難車（必要数）・ロープ・ガムテープ・養生テープ・ブルーシート・自転車（連絡用）
その他	名簿・緊急連絡簿・引き渡し票・ボールペン・マジック・紙

　子どもを避難させながらの備蓄品の持ち出しは困難です。指定避難場所に非常食、紙おむつや粉ミルクなどのかさばる物を保管しておくことが効率的です。この他、クラスの非常用持ち出し袋などは、弥富市の項（p126）を参照してください。

● 地域との連携

　現行の職員配置基準では、非常時に短時間で保育所、幼稚園から子どもたちを避難させることは非常に困難を伴います。非常時には、近隣の企業、学校、住民から避難時の支援が受けられる体制作りが求められます。

　そのためにも日常から近隣との交流を進めることも必要です。

　また、公立園は私立園よりも園と家庭の距離が近い場合も多いのですが、職員は異動の関係で広い範囲から通勤することも少なくありません。地域の危険箇所なども地域の住民はよく把握していますので、地域の人たちから学ぶことも大事です。

● 防災教育

　防災教育は、過去の震災の教訓などを学ぶことと災害時の対応について学ぶという2つの目的があります。震災はいつ来るかわかりませんので、保育者は、後輩の保育者、子ども、保護者に語り継ぎ、震災の経験を風化させない取り組みをすることが求められます。

震災の体験から学ぶ

　震災に関する幼児向けの絵本はいくつか出版されています。代表的な絵本を紹介します。

　『あの日を忘れない　はるかのひまわり』
　　　　　　　　　　　（作：指田和子、絵：鈴木びんこ、PHP研究所）

　阪神淡路大震災のあった年の夏、はるかちゃんが亡くなった場所でひまわりの花が咲きました。はるかちゃんの思い出と家族の思いが絵本になりました。

『ひまわりのおか』

（文：ひまわりをうえた八人のお母さん・葉方丹、絵：松成真理子、岩崎書店）

　74人の子どもが津波の犠牲となった大川小学校で、犠牲となった子どものお母さんたちが、子どもたちに対する思いを込めてひまわりの花を咲かせた話です。

『ぼくは海になった』

（作・絵：うさ、くもん出版）

　作者のうささんが取材の中で聞いた話を絵本にしました。ペットのミニチュアダックスフントの話ですが、保護者参観などで読み聞かせをするというのもよいと思います。ただし、泣かないで読むのはかなりの上級者になりますので、何度も練習してから読んでください。

『はしれ、上へ！　つなみてんでんこ』

（文：指田和、絵：伊藤秀男、ポプラ社）

　釜石の奇跡と言われた岩手県釜石東中学校の生徒が保育所の子どもや小学生を助けて避難した体験を絵本にしてあります。

　この他、『タンポポ　あの日をわすれないで』（文：光丘真理、絵：山本省三、文研出版）、『ハナミズキのみち』（文：淺沼ミキ子、絵：黒井健、金の星社）、『かあさんの　こもりうた』（作：こんのひとみ、絵：いもとようこ、金の星社）など、多数の絵本が出版されています。

避難の仕方などを学ぶ

　防災に関する基礎知識を遊びの中で学ぶ手法の一つとして、「防災カルタ」「防災スゴロク」「防災ゲーム」などがあります。インターネットからダウンロードできるカルタもあります。また、防災ゲームは、遊び方がインターネットで紹介されています。震災は怖いものですが、日頃から遊びを通して対応を学ぶことも大事です。

4　避難所の保育体制

遊び場とスタッフの確保

　第Ⅰ部で見てきた通り、避難所は緊急の避難場所ということで、特別に子どもの遊び場を確保するという視点がありません。必要性に気づいて、避難所によっては、子どもの遊びのスペースを確保した場所もありましたが、多くの避難所ではスペースに限りがあるため確保できなかったり、子どもの遊びまで気が回りませんでした。

　家族が亡くなったり、行方不明という状況に加えて、住む場所を失っているのですから、普段では容認できる子どもの笑い声も避難住民の怒りを誘発することがあります。

　しかし、子どもたちが大人から「うるさい」と怒鳴られ、身を潜めて過ごすという姿は、非常時だからやむを得ないとは言ってはいられません。避難所の安定した生活を守りつつ、子どもたちにものびのびと遊ぶことができる空間を確保することが求められます。指定避難所には、被災者の生活空間とは別に、保育スペースと保育者の確保など保育体制を確立する必要があります。

　避難所の保育スタッフは、保育士資格を持ち現場を離れている人や学生ボランティアを自治体で登録してもらい、事前にボランティアの研修をした上で各自の担当避難所を決めておけばよいでしょう。第Ⅰ部のとどけ隊のところでも紹介しましたが、ボランティア活動といっても、震災を体験した子どもたちへの支援はかなり困難を伴います。公的な研修制度を確立する必要があります。また、各自治体に公立、私立の学校、保育施設などの防災対応を指導する担当者を置く必要があります。

　津波想定区域外の保育施設では、「うちの園までは津波が来ないから大丈夫」ではなく、避難所としての避難者の受け入れ準備、被災した地域の

保育施設や避難所への保育士の派遣を準備しておく必要があります。要請があれば動くではなく、事前に広域の連携がとれていればすぐに支援に動けます。

要支援の子どもたちの生活の場の確保

　発達障がいの子どもたちは、体育館のような大きなスペースに大勢の人たちが生活するという場所にいることで、慣れない環境のもとで不安定になったり、パニックになったりすることがあります。

　学区単位などで、発達障がいの子どもと家族が生活できる福祉避難所と子どもたちを支援するボランティアを確保する必要があります。

地域の第１次的避難所として保育施設

　阪神淡路大震災時や東日本大震災においても、保育施設に地域の高齢者等が避難してきた園があります。学校などの避難所までは遠くて短時間で行くことができない高齢者等にとっては、地域の保育施設は緊急の避難所としては身近な存在です。特に保育所は給食設備もありますので、指定避難所の登録でなくても一時的な避難場所になります。

　女川町の保育所のように長期間にわたり避難所となったところもあります。地域の人たちが避難して来ることも想定しておけば、地域との連携も深まります。

　行政も、地域の人たちが避難して来ても対応できる非常食等の備蓄を支援する必要があります。保育所、幼稚園は、大人用のトイレが限られていますので増設が必要です。

仮設住宅への移行後も求められる子どもの視点

　震災後は一定期間を過ぎると、被災者は仮設住宅などに移っていきます。多くの仮設住宅は、公園をつぶして作られますので、子どもたちが安心して遊ぶことのできる地域のスペースがなくなってしまいます。

　また、プレハブの防音対策が不十分なため、住宅内で子どもたちが大き

な声を出せなくなります。宮城県のある仮設住宅で生活されていた方は、「テレビのお笑い番組を見て笑っていると、壁の向こうの隣の家からも笑い声がシンクロして聞こえてきました」と言っていましたが、長期間にわたり子どもたちが笑い声を出すことを押さえて生活することは、子どもたちの成長にとって深刻です。

　避難所は、地区単位で避難することが多いのですが、仮設住宅になると抽選などで移っていきますので、地域から離れた仮設住宅に入った子どもも多くなり、子ども集団もバラバラになります。

　一定規模の仮設住宅には、子どもの遊びスペースを確保する必要がありますし、保育者の確保も必要になります。

　被災者が仮設住宅に移り、生活がひと段落した時の話です。学生たちが子どもたちと遊んでいると、何人もの通りがかりの人が「何にもなくなったが、子どもの笑い声を聞くのはいいなあ」と声をかけてくれました。

　子どもたちの笑顔と笑い声は、震災から立ち上がるためのエネルギーにもなるのです。

コラム

国際的な避難所の基準——スフィア基準

スフィア基準を日本の避難所対応の基本に

　東日本大震災時、多くの避難所の環境は劣悪を極めました。被災地が広範囲であったことから、やむを得ないと思われがちですが、厳しい環境は震災当日だけでなく長期間続きました。畳1枚分のスペースに2名が寝なければならないなど、横になることも難しいほどの狭さの居住空間にはプライバシーもありませんでした。

　水や食料がほとんどない避難所もたくさんありました。震災の年の6月頃より仮設住宅が建ち始め、やっと家族単位の生活が保障されましたが、それまでは体育館、公民館などのプライバシーのない生活が続きました。家庭や保育所、幼稚園、学校から避難した子どもたちも避難先の体育館でじっと耐えていました。その後、建設された仮設住宅は、アパートなどを借り上げたみなし仮設住宅を除いては、ほとんどが長屋方式で、テレビの音も隣室に筒抜けという生活でした。

　地震大国である日本ですから、事前の備えはもっとできたはずです。東日本大震災の教訓は、熊本地震でも一部を除いて生かされませんでした。熊本には、地震の2週間後に益城町立西小学校の避難所に入りましたが、小学校の体育館で生活されているみなさんは、腰までの簡単な仕切りがある程度の、プライバシーのない、かつ狭い空間で生活されていました[6]。

　災害時のシェルター等についての国際的な基準としては、スフィア基準があります。1997年、人道援助を行うNGOのグループと国際赤十字などが災害や紛争などの被災者すべてに対する人道支援活動を行うために定めた基準です。各種機関や個人が、被災当事者であるという意識をもって現場で守るべき最低基準の検討を開始し、1998年に初版試行版をまとめました。正式名称は「人道憲章と人道対応に関する最低基準」、略称はスフィアです[7]。

　アルピニストの野口健氏は、熊本地震の救援活動の際に益城町総合グラウンドにテント村を設営し、被災者の支援を行いました。テレビでも報道されましたので、競技場にテントが並んでいる光景を見られた方もいると思います。1

テント約18平方メートルの広さがあり、希望者には簡易ベッドが支給されました。野口氏は、ヒマラヤ大震災や東日本大震災の救援活動の経験から、日本の避難所運営の水準が低すぎるとして、支援協力を呼びかけてスフィア基準をもとに救援活動をされました。震災後、わずか10日でテント村を開設しました（最終のテント数は156張り）。その間、行政への許可申請、資金や資材の確保、ボランティアの確保を行ったのですから、その行動力には目を見張ります[8]。

さて、スフィア基準は本1冊分の量がありますが、その中から世界の難民や災害時の被災者支援の子どもに関する部分を一部紹介します。

子どもたちは、「栄養失調、搾取、略取誘拐や戦闘部隊への徴募、性的暴行、意思決定への参画機会の欠如など、一定の状況において脆弱性による影響を受けやすい」として、特別の配慮が必要としています。そして「子どもたちが遊んだり学んだり、他者と交流したり成長したりできるよう、子ども向けの空間も設置する」として、レクリエーションエリアの設置も必要であるとしています。また、高齢者、障がい者に対する支援への配慮も示しています。

避難所の基準

シェルター（避難所）の居住空間については、「全ての被災者が、覆いのあるフロアの初期の面積として1人あたり最低3.5平方メートル」としています。つまり、一人あたり畳2枚分強の広さが必要としています。覆いのある空間ですから、家族としてのプライバシーも保障されます。

また、床から天井までの高さも示すと共に、調理などのため、シェルターの外側に隣接した日陰になる場所を設けることもできるとしています。

なお、災害直後にシェルターの資材をすぐに提供できないような時は、受け入れられた人々の健康および福利への悪影響を最小化するため、覆いのあるエリアの面積をできるだけ早く1人あたり3.5平方メートルに達するようにすると共に、尊厳、健康、プライバシーに及ぶ影響を考慮するとしています。

スフィア基準では、安全で十分な量の水へのアクセスと給水量が必要として、平均で1人1日最低15リットルの水、どの住居も500メートル以内に給水

所があること、給水所で水汲みを待つ時間は30分を越えないことを定めています。その他、歯磨き粉・シャンプー・2歳未満の乳幼児用ローション・爪切り・おむつとおまるなどの数量を細かく定めています。また、トイレは1つあたりの割り当ては最大20人であるとしています。

避難所の運営

各被災世帯のすべてのメンバーは、最大限可能な範囲で提供されるシェルターでの援助の種類の決定に参画することを求めています。

被災者の避難所運営への参加は、避難所内のトラブル減少にもつながると言われています。避難所の運営にあたっている自治体職員も避難者ですが、限られた食料の配分などの苦情は自治体職員に向けられました。被災者の代表が運営にあたっている場合は、民主的な配分などを行えば人間関係のトラブルは減り、早く落ち着きを見せました。

前述の益城町立西小学校の避難所で小学校の先生に取材したところ、「私たちが休みの間に神戸のNPO法人の方たちが来て、避難されている人たちに避難所運営の進め方をアドバイスされルールができあがっていたので、学校との関係もスムーズに進みました」と言っておられました。教員の負担も減りますし、避難者の声も反映されやすくなります。

被災者への配慮

スフィア基準では、「被災集団に対する尊敬の文化を促進する」としています。未曾有の災害だから仕方がないではなく、あらゆる場面で人権を守る視点が必要です。

特にさらなる被害を受けやすい、子ども、女性、障がい者、高齢者などに対する配慮が必要です。基準では、「被災者が性的虐待、汚職、搾取およびその他の人権侵害から守られるようにする」としています。

避難所は、安全でなければなりません。基準では、特にトイレを安全な場所に設置し、「女性や少女が安心して、そして安全に提供されたトイレを使用できるようにしなければいけない」としています。

また、「苦情受け付け手順を策定し、機関の行動規範に対する違反が確認された際には援助職員に対して適切な懲罰的措置を取る」としています。

援助スタッフへの配慮

東日本大震災では、支援にあたった人たちによって多くの住民が守られました。特に、保育所ではお昼寝の時間帯ということもあり、3歳未満児の担当保育士は寝ている子どもたちに覆いかぶさり子どもを守ろうとした人がたくさんいました。避難所では、保育所から避難した子どもに対して、少ない食事を優先的に分け与えました。スフィア基準では、ボランティアを含むこうした援助スタッフに対する基準はどのようになっているのでしょうか。

災害復旧では、まず、スタッフの安全面の確保や退避ガイドラインを定めることを求めています。その上で、「適切で適時の導入、状況説明、明確なレポーティングライン、および最新の職務説明書を提供し、職員がその責任、職務の目的、組織の価値、重要な方針および地元の状況を理解できるようにする」としています。　　　　　　　　　※レポーティングライン：指示命令系統のこと

大震災では、大きな余震も続きます。援助スタッフの安全面も考慮した計画が必要です。避難所では、援助スタッフの休息や食事ができるよう場所の確保など、避難所運営マニュアルに定める必要があります。

また、避難所の円滑な運営には、多くのボランティアの協力も必要です。東日本大震災では、ボランティアは移動手段、食事、寝る場所の確保はボランティア自身の自己責任が原則でしたので、私たちもすべて自分たちで確保しました。団体でしたので、移動手段、宿舎、食事の手配も何とかなりましたが大変でした。身一つで支援に参加できる体制を整えれば、もっと支援がスムーズに行えると思います。

また、献身的に援助にあたる援助スタッフ（保育者）に対しては、「心理社会的サポートを得られるように」する必要があります。彼らは、「極度に悲惨な事件を体験するか目撃」することもありますし、「しばしば長時間労働を、危険でストレスの多い状況で行う」こともあります。

スフィア基準での機関のスタッフに対する責任については、「福利を促進し、長期間の疲労や怪我、病気を防ぐ行動を含んで」います。

以上、スフィア基準を解説しましたが、基準には被災者の人権を尊重する視点が流れています。日本における今後の災害対応においてもスフィア基準を基本とすべきです。

第3章

保育施設の基準を見直す

● 人的確保と施設数の確保

職員配置基準の見直し

　現行の職員配置基準では、通常の保育体制も十分ではありませんが、非常時対応を考えれば、さらに不安な状況です。ある保育士さんは、「１人で０歳児を避難させようとすれば、１人をおんぶして、２人を両脇に抱えることになる。これでどうやって子どもを守ればよいのでしょうか」と言っていましたが、この現行の職員配置基準では災害時に子どもの命を守ることができません。

　幼稚園も、園全体の教諭数が少なく、各クラス１名の教諭の配置ではけが人が１人でも出れば避難は困難です。

表Ⅱ－9　保育所・幼稚園の職員配置基準

保育所	０歳児	児童３人につき１人
	１・２歳児	児童６人につき１人
	３歳児	児童20人につき１人
	４・５歳児	児童30人につき１人
幼稚園	1学級あたり専任教諭１人（１学級の幼児数は、35人以下が原則）	

　宮城県の保育士小幡幸拓さんらは、東日本大震災の経験を詳細に検討して、子どもの命を守るために必要な保育施設の最低基準の見直しや保育制

度の拡充について提言しています。それによると、例えば保育士の配置基準については、０・１歳児２人に対して保育士１人、２歳児は同５人対１人、３歳児は同10人対１人、４・５歳児は同15人対１人が必要としています[9]。

　通常時でも劣悪な現行の配置基準です。このような現行基準では災害時に保育中の子どもたちを守ることができない、せめてこれくらいは改善が必要という切実な思いが込められている提言であると思います。

　今後想定される南海トラフ巨大地震では、地震発生後10分以内に第１波の津波が到達することが想定されている地域があります。東日本大震災よりも地震の揺れも大きくて長く続くことが想定されていることをふまえると、この小幡提言よりもさらに上乗せした体制が求められます。

　短時間で全員を避難させるためには、４・５歳児でも一人の保育者で把握しやすい10人未満にする必要があります。また、障がいのある子どもに対応するためには、子どもの状態に合わせて、保育者の加配が必要です。

　各園に防災対策を専門とする職員の配置を行い、日頃から点検や研修を行うことも必要です。

　災害時でも対応できる職員配置基準に見直せば、日々の保育活動も充実します。

施設の定員問題

　災害時の対応では、施設の定員も大きく影響します。民間の保育所、幼稚園の中には、定員300名を超える施設がありますが、それだけの乳幼児期の子どもたちを集合させるだけでも相当な時間がかかります。定員が多ければ、それだけ広範囲の地域から子どもたちが通うことになるため、各家庭の状況も把握しにくくなりますし、保護者との連携も難しくなります。また、施設が孤立し、一定期間、施設で生活せざるを得ない場合は、大勢の子どもに対応するのも難しくなります。

　各自治体で、公立の保育所、幼稚園の統廃合や定員超過問題を抱えていますが、非常時対応という側面から見れば小規模施設の廃止や定員超過は

問題があります。

　小規模だからこそ災害時に迅速に対応できるということを忘れてはいけません。保育所・幼稚園の定員は100人未満として、定員20人から30人程度の小規模園でも経営が成り立つ運営費にすることが必要です。

● 保育の公的責任を守る

　公立保育所は、比較的小規模で子どもたちが通う地域も広くありませんので、大規模な私立園よりも災害時の対応がしやすくなっています。経験豊富な職員も多く、民営化はすべきではありません。

　また、私立園は保育士・幼稚園教諭の回転が早い園も少なくありませんが、非常時の対応では経験豊富な保育者の確保が重要です。長く働き続けられるよう、国として保育者の待遇改善を図るべきです。

　保育の市場開放についても、株式会社の保育施設が非常時に的確に対応できるかどうかは、個々の企業の姿勢次第ということでは心もとないことは確かです。厚生労働省が行ったある民間保育企業に対するヒヤリングに対して、企業の経営者は「うちの会社ではやる気のある人材を尊重している。25歳で園長になれるのでやる気のある方にぜひ来てもらいたい」と答えていましたが、経験の浅い職員集団で非常時の対応が十分にできるとは思えません。

　保育の公的責任は、私立園も含めて保育所の整備や職員配置の基準、予算の確保など、国、自治体が責任を持つということです。

　非常時対応として保育施設の役割は大きく、私立園も非常時には公的な役割を果たすのですから、公的な責任で保育施設を整備し、支援する必要があるのではないでしょうか。

第Ⅱ部　註

1）中央防災会議防災対策実行会議首都直下地震対策検討ワーキンググループ「首都直下地震の被害想定と対策について（最終報告）」内閣府、2013年

2）文部科学省地震調査研究推進本部地震調査委員会「南海トラフの地震活動の長期評価（第二版）」2013年

3）国土交通省気象庁ホームページ「気象庁震度階級関連解説表」より。

4）内閣府の南海トラフ巨大地震対策検討ワーキンググループがまとめた「南海トラフ巨大地震の被害想定（第二次報告）」2013年

5）厚生労働省・2017年度全国児童福祉主管課長会議資料より。

6）益城町立西小学校には、訪問した2016年4月28日時点で自衛隊が救援に入っており、入浴サービスを提供していました。また、後述の野口健氏は4月24日（震災の10日後）にテント村を開設しました。

7）「人道憲章と人道対応に関する最低基準」の日本語版は、以下で確認できます。
https://www.refugee.or.jp/sphere/The_Sphere_Project_Handbook_2011

8）野口健著『震災が起きた後で死なないために』PHP新書、2017年、参照。

9）小幡幸拓・北垣智基・加藤望著『東日本大震災が教えるいのちをまもる保育の基準』かもがわ出版、2013年

おわりに

　2018年2月9日、政府の地震調査委員会は、南海トラフ地震が30年以内に発生する確率が70〜80パーセントに高まったと発表しました。また、東日本大震災以降、日本列島を取り巻く地殻は活動期に入ったと言われていますが、南海トラフ地震想定地域も含めて準備状況は不十分なままです。

　特に自分自身で避難することができない子どもたちを守る保育所、幼稚園などの保育施設の備えは気がかりですが、事前に備えをしっかり行えば子どもたちの犠牲を減らすことができます。

　大震災は日本のどこでも発生する可能性があります。保育者は「大震災が保育時間中に発生するのであれば必ず子どもたちを守りきる」という気構えを持つと共に、十分な準備をしていただきたいと思います。

　そのためには、東北の保育者から貴重な経験を学ぶことが大切だと考え、本書では保育者がどのように子どもたちを守ったのかを紹介させていただくと共に東北の保育者のみなさんの実践から得た教訓をまとめました。

　私たちは、東北の保育者の思いと経験を学ぶことにより、南海トラフ地震などをはじめとする災害から子どもたち全員の命を守りきることができるよう、万全の備えをしなければなりません。本書がその一助になれば幸いです。

　「はじめに」でも書いたように、6年にわたり東北で保育ボランティア活動を続けた名古屋短期大学の「みんなに笑顔をとどけ隊」の学生の活動があってこそ、東北のみなさんの信頼を得て取材ができたと思っています。

　また、私たちの活動を支えていただいた東北のみなさん、ジャーナリストの小宮純一さん、名古屋短期大学同窓会様、名古屋短期大学の大谷岳学長をはじめとする教職員のみなさん、その他、とどけ隊を支えていただい

た多くのみなさまに感謝申し上げます。

　最後に、本書の出版にあたりサポートしていただいた、ひとなる書房の名古屋研一さん、松井玲子さんに感謝申し上げます。

野津　牧

参考文献

＊小幡幸拓・北垣智基・加藤望著『東日本大震災が教えるいのちをまもる保育の基準』かもがわ出版、2013年

＊佐藤秀樹著『福島・渡利で子育てしています』かもがわ出版、2013年

＊安斎育郎・大宮勇雄著、さくら保育園編『それでも、さくらは咲く』かもがわ出版、2014年

＊磯部裕子著『震災と保育1』ななみ書房、2016年

＊『現代と保育80号』（特集：東日本大震災と保育）ひとなる書房、2011年

＊「現代と保育」編集部編『忘れない！　明日へ共に』ひとなる書房、2012年

編著者

野津 牧（のづ まき）

東日本国際大学講師を経て2017年3月まで名古屋短期大学保育科教授。現在は、東海学園大学非常勤講師として「社会的養護」を担当。名古屋短期大学退職後は、国際ボランティアコーディネーターとして年3か月間はベトナムに滞在し、孤児院などでボランティア活動をする若者のサポート、東北、ベトナム、スウェーデンのスタディツアー・研修旅行の企画、（株）ノルディックエンタープライズの特別顧問としてスウェーデンの保育に関する講演活動などを行っています。活動の様子は、ブログ「東南アジアで保育福祉ボランティア、北欧スタディツアー」を参照してください。講演の依頼などお問い合わせは、kosodatesos@gmail.com までお願いします。

装幀──山田道弘

東北の保育者たちに学び、備える
巨大地震が来る前にできること

2018年8月25日　初版発行

編著者　野津 牧
著　者　名古屋短期大学みんなに笑顔をとどけ隊
　　　　名古屋短期大学保育科野津ゼミナール震災と保育グループ

発行者　名古屋 研一

発行所　（株）ひとなる書房
東京都文京区本郷2-17-13
TEL 03（3811）1372
FAX 03（3811）1383
Email：hitonaru@alles.or.jp

©2018　印刷／中央精版印刷株式会社
＊落丁本、乱丁本はお取り替えいたします。